EL CAMINO MEDIO

EL CAMINO MEDIO
La fe basada en el razonamiento

El Dalái Lama

ꡍ rigden institut gestalt

Título original
The Middle Way
Faith Grounded in Reason

Título
El Camino Medio
La fe basada en el razonamiento

Primera edición
Enero de 2013

© **2009 Tenzin Gyatso, el XIV Dalái Lama**
© **2009 Traducción inglesa e introducción de Thupten Jinp**

© 2012 para la edición en castellano
Rigden Edit, S. L.

Editado originalmente por Wisdom Publications, Inc.
Publicado por acuerdo con Wisdom Publications, MA (EE. UU.)

Traducción
Miguel Oramás Thurstun

Diseño de cubierta
Rafael Soria

Impreso
Artes Gráficas Cofás, S. A.

Impreso en España

Depósito Legal
M. 22-2013

ISBN
978-84-939172-6-5

RIGDEN-INSTITUT GESTALT
Verdi, 92, 1.ª planta
08012 Barcelona
www.rigden-institutgestalt.com
e-mail: info@rigden-institutgestalt.com

ÍNDICE

PREFACIO

Este libro está basado en una serie de importantes enseñanzas que concedió Su Santidad el Dalái Lama en Toronto en 2004, y ofrece una explicación exhaustiva de las enseñanzas que forman los pilares fundamentales del budismo Mahayana tal como se entiende en la tradición tibetana. El libro tiene dos secciones generales; la primera presenta el camino budista hacia la iluminación según la explicación que dio Su Santidad sobre tres capítulos claves de *Versos sobre los fundamentos del Camino Medio (Mulamadhyamakakarika)*, de Nagarjuna (maestro indio del siglo II); la segunda sección explica cómo poner en práctica la comprensión de estos elementos claves del camino budista. En esta segunda sección Su Santidad se basa en *Los tres aspectos principales del camino,* un lúcido trabajo en verso de Jé Tsongkhapa (1357-1419), escrito originalmente como carta a modo de instrucciones para un estudiante en una tierra lejana. A estos dos textos clásicos e importantes los separa casi un milenio y medio, y aun así se complementan de forma maravillosa. Que ambos textos transmitan tanto y tan significativamente al aspirante del camino espiritual a comienzos de este tercer milenio demuestra la universalidad y la intemporalidad de la sabiduría que contienen.

Al igual que en muchas ocasiones anteriores, tuve el honor de ser el traductor del Dalái Lama cuando impartía estas enseñanzas. Desde el primer día identifiqué algo único en esta serie de ellas. A diferencia de otras muchas veces, Su Santidad procedió a comentar los textos de una forma especialmente sistemática. Lo hizo, en parte, para secundar una declaración que reitera con frecuencia: que el budismo tibetano es una continuación directa del linaje académico del Monasterio de Nalanda de la tradición budista de la India. Antes de que el budismo desapareciese de la zona central de la India, Nalanda era uno de los monasterios más importantes, que floreció desde comienzos de la Era Común hasta finales del siglo XII. El Dalái Lama comenzó su presentación en Toronto citando un texto que él mismo compuso en honor a los maestros más destacados de Nalanda, cuyas enseñanzas yacen en el corazón de la tradición budista tibetana (el texto completo puede encontrarse en el apéndice 2 de este libro):

> Actualmente, en esta época en la que la ciencia y la tecnología han alcanzado un nivel tan avanzado, estamos incesantemente preocupados por las cosas mundanas. En una época como esta es crucial que aquellos que seguimos los pasos de Buda logremos una fe en su enseñanza fundada en una comprensión auténtica. Es únicamente con una mente objetiva dotada de un cuestionamiento investigador como debemos analizar cuidadosamente y buscar los razonamientos [que yacen tras nuestras creencias].

Así, basándonos en la comprensión de los razonamientos, surgirá en nosotros una fe acompañada de sabiduría.

Un aspecto fundamental de lo que el Dalái Lama llama la «tradición de Nalanda» es la importancia de abordar el dharma budista no solo a través de la fe y la devoción, sino también a través del análisis crítico. Los escritos de numerosos maestros de Nalanda hacen hincapié en este enfoque, conocido como «el enfoque de la persona inteligente». La fe que se desarrolla así en el Buda y en sus enseñanzas —el dharma— es inamovible y es del tipo más elevado. ¿Cómo podemos entonces desarrollar esta fe inamovible? El Dalái Lama comenta lo siguiente:

> Mediante la comprensión de las dos verdades, la naturaleza de la base,
> estableceré cómo, a través de las cuatro verdades, entramos y salimos del samsara;
> asentaré firmemente la fe en las Tres Joyas, la cual surge del conocimiento.
> Que yo sea bendecido para que la raíz del camino que libera se establezca firmemente dentro de mí.

Este versículo, que podemos encontrar en *Alabanza a los diecisiete maestros de Nalanda,* nos da, grosso modo, la estructura de la primera parte del libro, en la que se explican los elementos claves del camino budista a través de un comentario sobre *Versos sobre los fundamentos del Camino Medio,* de Nagarjuna. El Dalái Lama comienza con un comentario del vigesimosexto capítulo de Nagarjuna acerca de los doce vínculos de la originación interdependiente. Este capítulo detalla la comprensión budista sobre el proceso causal que nos encadena al ciclo de la existencia. La raíz de este ciclo de doce vínculos es la ignorancia fundamental, la que se aferra a la realidad inherente de nuestro propio «yo» y del mundo que nos rodea.

A esto le sigue un comentario del capítulo 18 que presenta la visión de Nagarjuna acerca de lo que enseñó Buda sobre la «ausencia de identidad» *(anatman)*, la ausencia tanto del «yo» de la persona como de sus cinco componentes psicofísicos. Es precisamente este capítulo el que presenta la enseñanza sobre la vacuidad, que, de acuerdo con Nagarjuna, es el modo absoluto de ser de todas las cosas. En palabras de Nagarjuna, esta vacuidad es *tathata* («talidad»), *paramartha* («la verdad absoluta«) y *dharmata* («la realidad misma»).

Finalmente, en su comentario al capítulo 24 de Nagarjuna, el Dalái Lama explica cómo esta enseñanza sobre la vacuidad no es una forma de nihilismo, sino ciertamente una comprensión de la realidad que nos permite explicar la realidad convencional. Esta es la única explicación de la vacuidad que permite que la relación entre las causas y sus efectos sea sostenible. Su Santidad explica cómo, en el sistema de Nagarjuna, la vacuidad —la realidad absoluta— y la originación interdependiente —la realidad relativa— están inseparablemente entrelazadas.

El Dalái Lama, combinando exposiciones lúcidas y análisis profundo con las comprensiones de comentaristas de prestigio, tales como Aryadeva (*ca.* siglo II), Chandrakirti (siglo VII) y Tsongkhapa (en sus escritos de principios del siglo XV), hace que los versos del texto de Nagarjuna revelen su visión profunda de la naturaleza de la existencia. A lo largo del libro, el Dalái Lama nunca obvia el hecho de que, en última instancia, el objetivo de estas enseñanzas sobre la vacuidad es que las relacionemos con nuestra experiencia personal y que nos aporten una comprensión más profunda del mundo que nos rodea. Tal como expone Nagarjuna, el propósito de la enseñanza sobre la vacuidad es pacificar el aferramiento a la existencia inherente de nuestra propia identidad y la de todos los fenómenos, para que podamos ser auténticamente libres.

La segunda parte de este libro presenta los métodos que podemos usar para poner en práctica lo que vamos comprendiendo del camino budista. Aquí Su Santidad nos da una explicación preciosa del famoso texto *Los tres aspectos principales del camino*, de Nagarjuna. Estos tres aspectos son: la verdadera renuncia, la mente altruista del despertar y la visión correcta de la vacuidad. Habiendo cultivado una comprensión estable del camino budista, basada en una reflexión crítica de las enseñanzas sobre la vacuidad, las cuatro nobles verdades y los doce vínculos de la originación interdependiente, podemos usar esta segunda sección del libro como un manual para nuestra práctica de meditación diaria.

Mientras editaba la transcripción de este libro he disfrutado mucho de encontrarme nuevamente con esta serie única de enseñanzas.

Este trabajo ha sido posible gracias a numerosas personas. En primer lugar, estoy profundamente agradecido a Su Santidad por haber sido siempre una fuente de compasión y sabiduría budista. Le doy las gracias a la Asociación Canadiense Tibetana de Ontario, especialmente a su presidente, Norbu Tsering, por organizar en Toronto la iniciación de Kalachakra en 2004, que proporcionó el marco para las enseñanzas de Su Santidad presentadas en este libro; a Lyna de Julio y Linda Merle, por su ayuda en la transcripción de partes de las enseñanzas, y al Venerable Lhakdora y su equipo de Dharamsala en los Archivos Centrales de Su Santidad el Dalái Lama, por proporcionarme la transcripción tibetana de la enseñanza de Su Santidad, la cual fue enormemente útil para la revisión y la edición de la transcripción de mi propia traducción oral al inglés. Finalmente, le doy las gracias a mi editor en Wisdom Publications, David Kittelstrom, por su inestimable ayuda en aportar lucidez y claridad a las palabras de este libro. Que nuestros esfuerzos contribuyan a que la sabiduría del gran maestro budista Nagarjuna, a través de las palabras inspiradoras de Su Santidad el Dalái Lama, se vuelvan una fuente de comprensión y de inspiración para muchos buscadores en el camino del despertar.

THUPTEN JINPA
Montreal, 2009

PRÓLOGO

El poder de la compasión

Hace muchos siglos los seres humanos se dieron cuenta de la importancia de emplear su intelecto. A partir de ahí evolucionó la escritura y, con el tiempo, la educación formal. Hoy en día es una obviedad decir que la educación es crucial, pero es conveniente recordar el propósito más elevado de la educación, porque al fin y al cabo, ¿de qué sirve la acumulación de conocimiento si no nos ayuda a vivir más felizmente?

Todos hemos conocido a personas que han recibido una educación excelente y que, a pesar de ello, no son excesivamente felices. La educación que recibieron puede haber aportado más vigor a su pensamiento crítico y grandes esperanzas, pero a la hora de llevar a cabo todas estas expectativas terminan encontrándose con dificultades, y esto les lleva a sentimientos de ansiedad y frustración. Es obvio que la educación por sí sola no garantiza una vida más feliz. Yo veo la educación como un instrumento que se puede usar para fines constructivos o destructivos.

Es posible que pienses que la finalidad de la educación

es exclusivamente ayudar a la persona a aumentar su riqueza, sus posesiones o su poder, pero de la misma forma que el mero conocimiento en sí no es suficiente para hacernos felices, las cosas materiales y el poder no bastan para ayudarnos a superar la preocupación y la frustración. Tiene que haber algún otro factor en nuestras mentes que sea la base de una vida feliz, algo que nos ayude a lidiar con las dificultades de la vida de forma efectiva.

Con frecuencia me describo como un simple monje budista, y mi propia educación formal no ha sido demasiado extensa. Algo sé de la filosofía y los textos budistas, aunque fui un estudiante bastante perezoso cuando empecé a estudiar, así que mis conocimientos, incluso en estos campos, son limitados. Además, aprendí bastante poco sobre matemáticas, historia universal y geografía, y también, de joven, tuve una vida bastante cómoda. Los dalái lamas no son millonarios, pero aun así mi vida era cómoda. Así que cuando los chinos invadieron mi tierra natal y tuve que huir, solo tenía una comprensión limitada de las enseñanzas budistas y poca experiencia de enfrentarme a los problemas. Cayó sobre mí un gran peso y responsabilidad, y el entrenamiento que había recibido fue puesto a prueba. Durante esos años, mi mejor amigo fue mi propia cualidad interior de compasión.

La compasión nos da fuerza interior y también nos da la verdad. Con la verdad no tienes nada que ocultar y no quedas a merced de las opiniones de los demás. Esto te aporta una confianza en ti mismo con la que puedes afrontar cualquier problema sin perder la esperanza o la determinación. Por experiencia propia puedo decir que cuando la vida se vuelve difícil y estás ante un gran número de problemas, si mantienes tu determinación y sigues esforzándote, los obstáculos y los problemas terminan siéndote de auténtica ayuda, porque amplían y profundizan tu experiencia. Es por esto por lo que considero que la compasión es algo muy valioso.

¿Qué es la compasión? La compasión es un sentimiento de cercanía hacia los demás, un respeto y afecto que no depende de la actitud del otro hacia uno. Por lo general, sentimos afecto por las personas que son importantes para nosotros. Ese tipo de sentimiento de cercanía no incluye a nuestros enemigos, aquellos que piensan mal de nosotros. En cambio, la compasión verdadera tiene en cuenta que los demás, al igual que nosotros mismos, quieren una vida feliz y exitosa, y no desean sufrir. Este tipo de sentimiento e interés por el otro puede extenderse tanto al amigo como al enemigo, independientemente de lo que él o ella sienta por nosotros. Esto es la auténtica compasión.

El amor corriente es parcial y está mezclado con sentimientos de apego. Al igual que con las demás emociones afligidas, el apego no está basado en la realidad, sino en proyecciones mentales. Existe una exageración de la realidad. Puede que algo tenga un aspecto positivo, pero con el apego lo vemos como cien por cien bonito o bueno. La compasión se acerca mucho más a la realidad. La diferencia es inmensa.

La gran pregunta que nos podemos hacer es si somos nosotros capaces de cultivar una compasión como esta. Por experiencia propia la respuesta es que sí. Es posible, porque todos poseemos la semilla de la compasión en la naturaleza misma de nuestra existencia humana. También, nuestra propia supervivencia como seres humanos, especialmente durante los primeros años de vida, depende en gran medida del afecto y la compasión de otros. Hemos sobrevivido hasta el día de hoy únicamente gracias a que al principio de nuestras vidas nuestra madre, u obviamente alguna otra persona, cuidó de nosotros. Si esa persona hubiese sido negligente, aunque solo fuera durante uno o dos días, hubiésemos muerto. Como seres humanos que somos, y haciendo uso de nuestra inteligencia, podemos ampliar este sentimiento de cuidar a los demás a todas las esferas de nuestra vida.

Hoy en día se está volviendo más urgente que nunca la necesidad de cultivar y aumentar sistemáticamente esta capacidad natural. En esta época moderna, y debido a la población, la tecnología y la economía, el mundo está profundamente interconectado. El mundo se está volviendo mucho más pequeño. A pesar de las diferencias políticas, ideológicas y en algunos casos religiosas, las personas en todo el mundo tienen que trabajar y vivir juntas. Esta es la realidad. Por tanto, el rol de la compasión a nivel internacional es crucial.

Cada día los medios de comunicación nos muestran noticias de actividades terroristas y derramamiento de sangre. Estos eventos no surgen sin causas y condiciones. Creo que algunas de las situaciones que afrontamos hoy en día tienen sus raíces en acciones negligentes de los siglos XVIII, XIX y XX. Por desgracia, algunas personas intentan aumentar intencionadamente los impulsos vengativos de las personas para su beneficio político. ¿Cuál es entonces la mejor forma de afrontar esta violencia? Considero que la forma de hacerlo no es con más violencia y derramamiento de sangre. Los

problemas que surgen de la violencia no pueden ser re-
sueltos con violencia.

¿A qué se debe esto? En primer lugar, la violencia, por su
propia naturaleza, es impredecible. Puede que uno co-
mience con un objetivo específico de llegar solamente a
cierto «límite» de violencia, pero se termina perdiendo el
control. En segundo lugar, la violencia le hace daño a los
demás y, por tanto, crea más odio en sus mentes. A su vez,
eso crea las semillas de los problemas futuros. La guerra es
como una válvula de escape legal para la violencia. Anti-
guamente, cuando los países dependían menos los unos de
los otros, la destrucción de un enemigo podía ser interpre-
tada como una victoria para uno mismo. Pero hoy en día,
debido a la profunda interdependencia de todas las nacio-
nes, la guerra no tiene el efecto deseado. La destrucción de
tu enemigo solo termina destruyéndote a ti mismo.

Es por esto por lo que cuando nos encontramos con un
conflicto o con intereses opuestos, la mejor manera, o la
única forma efectiva, de resolverlo es a través del diálogo.
Es imperativo que respetes los intereses del otro, los deseos
del otro, y llegar a acuerdos, porque si ignoras los intereses del otro, en última instancia, tú mismo sufrirás. Tienes
que preocuparte por los intereses de los demás.

Con frecuencia, en mis charlas les digo a los asistentes
que el siglo XX fue un siglo de violencia. Debido a esa experiencia ahora sabemos que la violencia no es la solución
a los problemas. La única forma de resolver los conflictos
es a través de resoluciones pacíficas. Por tanto, el siglo XXI
debe ser el siglo del diálogo. Para ello necesitamos determinación, paciencia y una perspectiva más amplia. Una vez

más, aquí es donde la compasión cumple una función importante. En primer lugar, como ya mencioné, la compasión nos hace sentirnos seguros de nosotros mismos. La compasión nos permite un reconocimiento profundo de los derechos de los demás. La compasión también nos aporta tranquilidad mental, y con una mente tranquila podremos ver la realidad de una forma más clara. Cuando nuestra mente está dominada por las emociones afligidas, no podemos ver la realidad y tomamos decisiones inadecuadas. La compasión nos da una visión más holística.

Respeto a los líderes políticos del mundo, pero a veces pienso que deberían tener más compasión. Con que uno solo de estos líderes políticos cultivase más compasión, millones de personas inocentes lograrían más paz. Hace muchos años, en un evento oficial en la India, conocí a un político del estado indio de Bengala Oriental. La reunión incluía charlas sobre la ética y la espiritualidad, y el político dijo lo siguiente: «Como político, desconozco bastante estos temas». Tal vez estaba simplemente siendo modesto, pero le reprendí con suavidad. Le dije que los políticos necesitaban más ética y más espiritualidad. Si un practicante religioso en una zona remota hace algo dañino, sus actos seguramente no tendrán gran repercusión a nivel global. Pero lo que es muy peligroso es que los líderes y políticos no estén atentos y no sean compasivos.

Considero que la compasión no es un tema específicamente religioso. Algunos piensan que la compasión y el perdón pertenecen al ámbito religioso, y si tienen una percepción negativa de la religión también pueden mostrar negatividad respecto a estas cosas, lo cual es un error. El aceptar una religión o no aceptarla es una decisión personal, pero mientras la humanidad habite este planeta, estos valores profundos son cruciales y no pueden ser ignorados. Todo el mundo se esfuerza sobremanera para conseguir prosperidad material. Eso no es un problema; pero si al mismo tiempo ignoramos nuestro mundo interior o nuestros valores internos, nunca seremos felices. Tenemos que combinar el desarrollo material con el desarrollo de los valores humanos interiores. Necesitamos desarrollar el respeto, el amor y un sentido de la compasión, con el fin de tener una vida más feliz, con una familia más feliz, una comunidad más feliz y, finalmente, un mundo más feliz. Necesitamos estas cualidades interiores. Este debe ser el verdadero objetivo de la educación hoy en día.

ACERCA DE ESTE LIBRO

No creo que la religión sea algo indispensable para desarrollar un buen corazón y para ser más éticos. Aun así, a lo largo del tiempo, las principales religiones del mundo han desarrollado muchas herramientas valiosas para cultivar estas virtudes humanas universales. El budismo no se encuentra solo en esta tarea, pero sí es la tradición con la que estoy más familiarizado. También considero que la tradición budista contiene elementos únicos, especialmente sus enseñanzas sobre la ausencia de identidad o vacuidad, y sobre la naturaleza de la mente. Es por ello por lo que parte de mi objetivo en este libro es daros una mejor comprensión de los puntos principales del budismo.

Empezaré con una presentación general del dharma budista, y para ello he elegido tres capítulos de *Versos sobre los fundamentos del Camino Medio*, de Nagarjuna, un clásico del trabajo filosófico de la India, que contiene un total de veintisiete capítulos. A medida que vaya explicando el marco fundamental del camino budista, relacionaré mis explicaciones con secciones específicas de estos tres capítulos. A la introducción general le sigue una explicación sobre cómo poner en práctica estas enseñanzas, usando la breve obra en verso de Jé Tsongkhapa, *Los tres aspectos principales del camino*. Tsongkhapa fue el fundador de la tradición Gueluk del budismo tibetano.

Cuando aquellos que se consideran practicantes budistas enseñan o escuchan las enseñanzas del dharma budista, deben hacerlo con una motivación pura. El maestro o maestra debe asegurarse de no enseñar motivado por el deseo de ser respetado, de aumentar su fama o de obtener una recompensa económica; él o ella tiene que estar motivado únicamente por el deseo de que todos los seres encuentren el bienestar. Del mismo modo, como oyentes, vuestra motivación no debe verse contaminada por aspiraciones de grandeza académica, de una elevada reputación o de recompensa económica; debéis escuchar las enseñanzas con el deseo de dirigir vuestra mente hacia el dharma, de que vuestra práctica del dharma tenga éxito y de hacer de dicha práctica una causa para lograr la liberación y el estado omnisciente de la budeidad.

¿Cómo podemos asegurarnos de tener una motivación pura al dar o al escuchar una enseñanza? Una forma de hacerlo es comenzar con la recitación de oraciones especiales de aspiración. Para que una enseñanza sea verdaderamente budista tiene que fundamentarse en la práctica del refugio en las Tres Joyas: el Buda, el dharma y la comunidad de verdaderos practicantes. Para que una enseñanza se vuelva enseñanza de la tradición Mahayana, el camino del bodhisattva, tiene que estar fundada en la motivación de la *bodhicitta*, la mente altruista del despertar que busca alcanzar la iluminación con el objetivo de beneficiar a los demás. Así que comenzamos recordando estas dos prácticas, la toma de refugio y la generación de la mente altruista del despertar, recitando o reflexionando sobre el siguiente versículo:

> En el Buda, en el Dharma y en la excelente asamblea,
> me refugio hasta que alcance la iluminación.
> Por la práctica de la generosidad y las otras perfecciones,
> que logre la budeidad para el beneficio de todos los seres.

Cuando doy charlas introductorias sobre el dharma budista, siempre animo a los no budistas a escuchar, con el fin de que encuentren algo de beneficio. Si en mis explicaciones encuentras algo útil, incorpóralo en tu vida diaria; y puedes simplemente ignorar lo que no te sea útil. También en mis explicaciones sobre la filosofía budista, dado que estoy presentando un texto budista que expone, obviamente, la perspectiva budista, es normal que surjan varios puntos de divergencia. Cuando esto ocurra, por favor, te pido que no sientas que estoy menospreciando tu tradición.

Claro que, históricamente, los grandes eruditos budistas de la universidad monástica de Nalanda, en la India, sostenían debates los unos con los otros. Por ejemplo, los partidarios de la escuela Solo Mente *(Chittamatra)* criticaban la postura del Camino Medio *(Madhyamaka)* diciendo que se desviaba hacia el extremo del nihilismo, mientras que los partidarios de la escuela del Camino Medio criticaban la postura de la escuela Solo Mente diciendo que se desviaba hacia el extremo del absolutismo. Así que, en lo que a esto concierne, comparto el sentimiento del maestro Changkya Rimpoché (1717-1786), que escribió:

> No es que no te respete a ti;
> por favor, perdóname si te he ofendido [1].

El budismo que floreció en el Tíbet es una tradición íntegra y completa. Contiene todos los elementos esenciales de todas las enseñanzas de las tradiciones Mahayana y del Vehículo Inferior, y también incluye las enseñanzas tántricas del Vajrayana. En cuanto a los idiomas originales de las enseñanzas que sirvieron de fuente para la tradición tibetana, existen muchos textos destacados en el idioma pali, pero principalmente se basa en la tradición sánscrita de la India. En cuanto al origen de sus linajes, la tradición está principalmente en deuda con los grandes maestros de Nalanda, la institución monástica que floreció en el norte de la India durante el primer milenio. Por ejemplo, todos los textos destacados que se estudian en los institutos monásticos tibetanos fueron escritos por los grandes pensadores y maestros de Nalanda. De hecho, he compuesto una oración, *Alabanza a los diecisiete maestros de Nalanda,* en reconocimiento al origen de nuestra tradición y la deuda que nosotros, los budistas tibetanos, tenemos con sus escritos.

El texto completo de esta oración se encuentra al final de este libro. En el colofón a ella escribí:

> Actualmente, en esta época en la que la ciencia y la tecnología han alcanzado un nivel tan avanzado, estamos incesantemente preocupados por las cosas mundanas. En una época como esta es crucial que aquellos que seguimos las enseñanzas del Buda logremos una fe en su enseñanza fundada en una comprensión auténtica.

Aquí presento esta introducción a la tradición tibetana, con la convicción de que hoy día estas enseñanzas ancestrales del budismo son tan relevantes y valiosas como nunca.

El Camino
Medio

PRIMERA PARTE

Una exploración del texto de Nagarjuna

Versos sobre los fundamentos del Camino Medio

CAPÍTULO 1

ABORDANDO LO PROFUNDO

Hoy en día, en el siglo XXI, la humanidad ha llegado a una etapa muy avanzada de desarrollo material e intelectual en numerosos campos, y continuamos progresando en estas áreas. Aun así, las demandas impuestas sobre nuestra atención no tienen fin, y en un entorno tal es crucial que el practicante de budismo obtenga una confianza en el dharma budista basada en la comprensión y en el razonamiento.

¿Cómo podemos lograr una fe fundada en la comprensión? Tal como escribí en el colofón a *Alabanza a los diecisiete maestros de Nalanda:*

> Es únicamente con una mente objetiva dotada de un cuestionamiento investigador como debemos analizar cuidadosamente y buscar los razonamientos. Así, basándonos en la comprensión de los razonamientos, surgirá en nosotros una fe acompañada de sabiduría.

Siempre que nos pongamos a analizar, por ejemplo, la naturaleza de la mente o la realidad, si desde el comienzo ya estamos convencidos de que «*tiene* que ser de tal y tal forma», entonces, debido a nuestros prejuicios, seremos incapaces de ver la realidad en sí y solo alcanzaremos a ver nuestra propia proyección ingenua. Por ello es esencial que la mente que analiza se esfuerce por ser objetiva y no se deje influir por los prejuicios. Lo que necesitamos es un interés cuestionador, con nuestra mente explorando las diferentes posibilidades, preguntándose con sinceridad si es así o de alguna otra forma. Necesitamos comenzar nuestro análisis tan objetivamente como nos sea posible.

Ahora bien, es posible que podamos mantener una postura objetiva que no se deje influir por los prejuicios, pero si al mismo tiempo carecemos de interés por lo que estamos analizando, esto también es un error. Debemos cultivar una mente *investigadora*, motivada a explorar todas las posibilidades. Cuando hacemos esto, el deseo de investigar en profundidad surge de forma natural. Si esta mente carece del deseo de explorar las diferentes posibilidades, lo que ocurrirá es que simplemente abandonaremos la investigación y diremos con apatía: «No lo sé». Esto no aportará ningún beneficio, porque no estamos siendo receptivos a nuevas perspectivas.

Por tanto, un cuestionamiento investigador es extremadamente importante, dado que, cuando hay un cuestionamiento así, lo que tiene lugar es una investigación constante. Uno de los motivos por los que la ciencia progresa es que investiga persistentemente y realiza experimentos basados en una objetividad genuina que pregunta siempre: «¿Porqué es esto así?», con una mente motivada a investigar todo tipo de posibilidades. De esta forma, la verdad se vuelve más y más clara, y esto permite que las verdades se puedan comprender correctamente.

«Analizar cuidadosamente» indica que un análisis incompleto o poco riguroso no es suficiente. Por ejemplo, en el método de análisis que se presenta en los textos de lógica y epistemología budista no basta con usar solo una prueba que se sustente únicamente en la observación parcial de un hecho, o en la observación adicional de un hecho en un caso similar, o en la mera ausencia de observación del hecho en casos diferentes. No es correcto fundamentar tus conclusiones usando bases tan poco apropiadas como estas. Los textos de lógica y epistemología budista enfatizan la necesidad de demostrar la verdad de una afirmación basándonos en un razonamiento coherente enraizado en la observación directa. Con un análisis cuidadoso nuestras conclusiones son más sólidas y coherentes.

A medida que nos volvemos más conscientes y vamos comprendiendo los razonamientos presentados en un texto, necesitamos relacionarlos de vuelta con nuestra propia experiencia. En última instancia, la prueba definitiva es una experiencia directa y válida.

Los textos budistas hablan de cuatro cualidades o tipos de inteligencia: la gran inteligencia, la inteligencia ágil, la inteligencia clara y la inteligencia penetrante. Requerimos de una *gran inteligencia* para poder analizar el tema cuidadosamente; dado que no debemos concluir de forma ingenua que algo es el caso sin basarlo en un análisis detallado, necesitamos una *inteligencia clara;* como hemos de ser capaces de pensar sin conceptualizar excesivamente, necesitamos una *inteligencia ágil;* y puesto que hemos de llevar una línea de pensamiento hasta sus implicaciones finales, necesitamos una *inteligencia penetrante.*

Al analizar así y buscar qué consecuencias y razonamientos podemos extraer de nuestra comprensión, alcanzaremos a ver esos resultados. Primero tenemos que organizar las líneas de razonamiento presentadas en los textos de forma sistemática, para después relacionarlas con nuestra propia experiencia personal, de tal forma que el razonamiento sea sustentado por la observación directa y por pruebas empíricas. Si al relacionar estas líneas de razonamiento con nuestra experiencia personal pensamos: «Sí, verdaderamente me ayudan» o «Esto es realmente maravilloso», habremos logrado una convicción decisiva acerca del dharma budista. Este tipo de convicción es conocida como la fe basada en una comprensión genuina.

EL ORDEN DEL ANÁLISIS

En cuanto al orden en sí del análisis, en *Alabanza a los diecisiete maestros de Nalanda* escribí:

> Mediante la comprensión de las dos verdades, la naturaleza de la base,
> estableceré cómo, a través de las cuatro verdades, entramos y salimos del samsara;
> asentaré firmemente la fe en las Tres Joyas, la cual surge del conocimiento.
> Que yo sea bendecido para que la raíz del camino que libera se establezca firmemente dentro de mí.

Aquí, cuando hablamos de practicar el dharma budista nos referimos a respetar la ética de abstenerse de cometer las diez acciones no virtuosas y cultivar la compasión y la bondad amorosa, todo en el contexto de buscar la liberación. El simple hecho de abstenerse de cometer las diez acciones no virtuosas o cultivar la compasión y la bondad amorosa, en sí mismo, no constituye una práctica específica del dharma budista; al fin y al cabo, tales prácticas de ética y de compasión son características de muchas tradiciones espirituales. Cuando hablamos del dharma budista en este contexto, el término *dharma* (o espiritualidad) hace referencia a la paz del *nirvana* —la liberación— y al bienestar *definitivo*, un término que engloba tanto la liberación del samsara como la iluminación completa de la budeidad. Usamos el término *bienestar definitivo* porque la paz del nirvana es completamente excelente, pura y duradera. Cuando estas prácticas de abstenerse de las acciones malsanas y dañinas, y de cultivar el amor y la compasión, se llevan a cabo con el fin de alcanzar la liberación de la existencia cíclica, se vuelven verdaderamente dhármicas, en el sentido de una actividad espiritual budista.

La «liberación» en este contexto se define como la cesación de los contaminantes de la mente a través de la aplicación de sus antídotos correspondientes. El contaminante principal, la raíz misma de nuestra existencia no iluminada, es el aferramiento a la identidad, a la existencia de la identidad, y a todos los factores psicológicos y emocionales asociados que acompañan y se manifiestan desde el aferramiento a la existencia de la identidad. El antídoto directo a la mente del aferramiento a la identidad y a sus factores mentales asociados es la comprensión profunda de la ausencia de identidad. Por tanto, con la base del conocimiento de la ausencia de identidad logramos la verdadera liberación.

Es así como se presenta el método para lograr el bienestar definitivo; y los métodos espirituales asociados al logro de tal liberación solo se pueden encontrar en el budismo. Es por esto por lo que escribí: «Que yo sea bendecido para que la raíz del camino que libera se establezca firmemente dentro de mí».

LAS CUATRO NOBLES VERDADES

Para establecer en nosotros firmemente la raíz del camino que libera es vital entender las cuatro nobles verdades[2]. Las cuatro verdades son como los pilares fundamentales de todas las enseñanzas de Buda, tanto de los sutras como de los tantras. Cuando el Buda comenzó a enseñar el dharma a sus primeros discípulos, les aleccionó sobre las cuatro nobles verdades.

Si reflexionamos profundamente acerca de cómo enseñó el Buda las cuatro nobles verdades, veremos que comenzó describiendo sus características o su naturaleza, en segundo lugar enseñó sus funciones y en tercer lugar el resultado que experimentamos una vez que realizamos estas verdades directamente. Por ello, en las enseñanzas budistas, con frecuencia se hace referencia a tres elementos principales: la *base*, el *camino* y el *resultado* [o fruto]. La comprensión de la naturaleza de la realidad es la *base;* partiendo de nuestra comprensión de la base recorremos el *camino;* y finalmente experimentamos el *resultado* como consecuencia de cultivar el camino.

La enseñanza de Buda sobre las cuatro nobles verdades es una descripción de la verdadera naturaleza de la realidad. Cuando Buda enseñó sobre las cuatro nobles verdades comenzó por describir sus naturalezas diciendo: «Esta es la noble verdad del sufrimiento, esta es la noble verdad del origen del sufrimiento, esta es la noble verdad de la cesación del sufrimiento y esta es la noble verdad del camino». Al declarar las verdades de esta forma, el Buda estaba enunciando la forma de ser de las cosas; estaba describiendo la naturaleza de la base.

El «sufrimiento» del que habla Buda en la primera noble verdad al decir: «Esta es la noble verdad del sufrimiento» incluye todos los tipos de sufrimiento que nos afligen. En torno a esto existen muchos niveles diferentes de sutileza; no solo el sufrimiento obvio del dolor y las dificultades, sino también una cualidad más profunda y penetrante de nuestra experiencia. La declaración: «Esta es la noble verdad del sufrimiento» reconoce que todas estas experiencias son insatisfactorias o «de la naturaleza del sufrimiento».

En la segunda verdad, la declaración «Esta es la noble verdad del origen del sufrimiento» proclama la causa que da lugar al sufrimiento o que constituye la fuente del sufrimiento. Aunque el origen del sufrimiento en sí mismo también es una forma de sufrimiento, y por tanto se incluye en la primera noble verdad, aquí se distingue entre el sufrimiento y su origen, y son descritos en función de la relación de causa y efecto. Tal como se mencionó anteriormente, la causa principal del sufrimiento identificada por el Buda es nuestro aferramiento a la existencia de la identidad; esta es la ignorancia fundamental que distorsiona nuestra visión de la realidad, nos limita a percibir únicamente nuestras apariencias ilusorias y nos impide ver la verdadera forma de ser de las cosas.

La declaración en la tercera noble verdad, «Esta es la noble verdad de la cesación», proclama la naturaleza de la liberación del sufrimiento, su cesación completa. Esta declaración afirma que uno mismo, aplicando esfuerzo, puede poner fin a las causas del sufrimiento. Cuando las semillas de estas causas se van reduciendo poco a poco y finalmente son erradicadas, los frutos que de otra manera se hubieran producido y hubieran sido experimentados, naturalmente, no podrán surgir. Así que esta declaración proclama que es posible llegar a la pacificación completa de nuestro sufrimiento y su origen.

Para entender realmente que tal cesación es posible, no basta con tener una comprensión de los fenómenos en función de las meras apariencias; tienes que llegar hasta la verdadera naturaleza de las cosas. No se puede depender de una percepción corriente de las apariencias, porque esto es algo en lo que no puedes confiar. La causa básica de tu sufrimiento, la ignorancia fundamental, es la percepción errónea de la verdadera naturaleza de los fenómenos, la verdadera forma de ser de las cosas, y esta ignorancia fundamental es la que domina cada momento de nuestra experiencia presente.

Aun así, esta ignorancia fundamental no está inextricablemente unida a la naturaleza luminosa de nuestra mente. En última instancia, la ignorancia y la mente sí pueden ser separadas; la ignorancia no es algo inherente a la naturaleza de nuestras mentes. Por tanto, la declaración de la cuarta verdad, «Esta es la noble verdad del camino», proclama que la cesación puede lograrse dentro de nuestro continuo mental por medio de métodos específicos. El más destacado de todos estos métodos es la sabiduría que conoce la naturaleza de la realidad. Cultivamos el conocimiento de la ausencia de identidad y meditamos acerca de esta verdad con el fin de eliminar la ignorancia fundamental. El camino que conoce directamente la ausencia de identidad puede atacar y eliminar de forma directa la mente engañada, que la percibe de una manera equivocada. Así queda declarada la naturaleza del camino.

En resumen, al enumerar la identidad de las cuatro verdades el Buda enseñó la naturaleza de la base, la verdadera forma de ser de las cosas, la cual puede ser ilustrada con la siguiente analogía. Si alguien padece una enfermedad que tiene cura, podremos observar varias cosas: el sufrimiento de la enfermedad en sí, los factores externos e internos que dan lugar a la enfermedad, el potencial para la sanación y el remedio o los medicamentos que contrarrestan las causas de dicha enfermedad y permiten la curación. Del mismo modo, también existe el camino que lleva a la cesación de todos los sufrimientos. Esta es la naturaleza de la base, la comprensión de la verdadera forma de ser de las cosas.

Nadie tiene que animarnos a buscar la felicidad o a intentar superar el sufrimiento, y no necesitamos demostrar a través del razonamiento el valor de estas dos empresas. La tendencia a buscar la felicidad y evitar el sufrimiento existe en nosotros de forma natural, e incluso existe en los animales. Al igual que esta tendencia natural de buscar la felicidad y evitar el sufrimiento es un hecho básico de nuestra realidad, las cuatro verdades relacionadas causalmente —el sufrimiento y su origen, la cesación y el camino— también son hechos básicos de la realidad.

Ahora bien, la pregunta es: «Usando esta realidad como punto de partida, ¿cómo podemos aplicar nuestro conocimiento de las cuatro nobles verdades, nuestra comprensión de la base?» En respuesta a esta pregunta el Buda contestó: «Reconoce el sufrimiento, elimina el origen del sufrimiento, logra la cesación y cultiva el camino». Con este segundo enunciado sobre las cuatro nobles verdades, el Buda enseñó sus funciones, el proceso que debemos seguir para hacerlas realidad en nuestras mentes. De los tres elementos de las enseñanzas (la base, el camino y el fruto), esta es la explicación del camino.

Cuando llegamos a un reconocimiento exhaustivo del sufrimiento, lo que surge naturalmente es el deseo de liberarnos de tal sufrimiento. Por tanto, con la declaración: «Reconoce el sufrimiento», el Buda enseñó la importancia de entender a fondo todos los niveles del sufrimiento, sutiles y burdos. La contemplación del sufrimiento implica reflexionar sobre las tres variedades progresivamente más sutiles del sufrimiento: el sufrimiento evidente, el sufrimiento del cambio y el sufrimiento del condicionamiento. El *sufrimiento evidente,* también llamado «sufrimiento del sufrimiento», es el dolor y las dificultades obvias; es la definición corriente de sufrimiento. El *sufrimiento del cambio* es convencionalmente entendido como placer, pero su inestabilidad inherente, su transitoriedad, siempre acarrea sufrimiento. El nivel más sutil, el *sufrimiento del condicionamiento,* es la cualidad misma de toda experiencia condicionada por la ignorancia, ya sea dolorosa, placentera o de cualquier otro tipo. Siempre que la ignorancia influya en nuestra percepción de la realidad —y para casi todas las personas esto ocurre constantemente—, cualquier acción que desarrollemos y cualquier experiencia que tengamos estará teñida por la inseguridad que surge de la percepción errónea.

Por lo general, el sufrimiento evidente es algo que incluso los animales pueden reconocer. No necesitamos de una contemplación especial para desarrollar el deseo de liberarnos de él. Este sufrimiento evidente tiene como base el sufrimiento del cambio, que a su vez está enraizado en el sufrimiento del condicionamiento. Así que si solo intentamos eliminar el sufrimiento evidente, mientras persista el sufrimiento del condicionamiento, podremos reducir el sufrimiento evidente, pero no eliminarlo. Por eso realmente, para eliminar el sufrimiento evidente en su totalidad, debemos eliminar el sufrimiento del condicionamiento. Por tanto, «Reconoce el sufrimiento» significa reconocer el sufrimiento del condicionamiento.

De la misma manera, la declaración «Elimina el origen del sufrimiento» significa que debemos eliminar la causa raíz de todos los sufrimientos, la cual es la ignorancia fundamental. La declaración «Haz realidad la cesación» significa llevar el sufrimiento y el origen del sufrimiento a su fin. Esto es lo que debemos buscar, el objetivo final al que debemos aspirar: el *bienestar definitivo* que mencionamos anteriormente.

Finalmente, «Cultiva el camino» significa que tememos

que hacer realidad aquello que llamamos *cesación* en nuestras mentes, y para ello debemos entrenarnos en cultivar las causas que nos llevarán a este logro. Debemos poner nuestra comprensión en práctica. Cuando hablamos de la existencia iluminada y no iluminada, el samsara y el nirvana, en realidad estamos hablando de dos *estados mentales* diferentes. Mientras la mente permanezca en un estado no iluminado, en el engaño, obscurecido por la ignorancia, permaneceremos en la existencia samsárica o no iluminada. Una vez que comprendamos profundamente la naturaleza de la realidad y podamos ver a través del engaño de la ignorancia, comenzará el proceso de la iluminación. Así que el samsara y el nirvana, el estado de la ignorancia y la iluminación, simplemente dependen de que ignoremos o comprendamos la naturaleza absoluta de la realidad. El corazón de nuestro camino a la iluminación es el desarrollo de esta comprensión.

En resumidas cuentas, habiendo declarado primero las cuatro nobles verdades, el Buda enseñó cómo aplicarlas explicando los pasos que necesitamos dar para recorrer el camino. El primer paso que el Buda nos aconseja dar es «Reconocer el sufrimiento». El Buda profundiza diciendo: «Reconoce el sufrimiento, pero no hay sufrimiento que necesite ser reconocido; elimina el origen del sufrimiento, pero no hay origen del sufrimiento que deba ser eliminado; haz realidad la cesación, pero no hay cesación alguna que deba hacerse realidad; cultiva el camino, pero no hay camino que deba ser cultivado». Con estas declaraciones, Buda indicó cómo culmina el conocimiento de estas cuatro nobles verdades, el fruto del camino. Al llegar al final del camino ya no necesitamos reconocer más sufrimiento ni seguir eliminando el origen del sufrimiento. Esta realidad es la realización final de las cuatro nobles verdades.

Así es como el Buda presentó las cuatro nobles verdades en términos de la base, el camino y el fruto. Cuando el Buda enseñó las cuatro nobles verdades, habló de dos grupos de causa y efecto; por una parte está el sufrimiento y su origen, y por la otra está la cesación y su causa, el camino. El primer grupo de causa y efecto alude a los fenómenos afligidos —a nuestro renacimiento dentro de la existencia cíclica—, mientras que el segundo grupo de causa y efecto alude a los fenómenos iluminados, al estado en el que el sufrimiento se ha eliminado completamente. Las causas y los efectos del grupo afligido tienen como base la ignorancia, mientras que las causas y los efectos iluminados surgen de acuerdo con la cesación de la ignorancia fundamental —la purificación de la causa y efecto afligidos—. Volvemos a ver aquí que tanto la existencia cíclica como su trascendencia, el samsara y el nirvana, se definen en términos del conocimiento o la ignorancia de la naturaleza última de la realidad. También vemos, una vez más, que la diferencia entre el samsara y el nirvana está en nuestra forma de percibir la realidad.

UNA JERARQUÍA DE PERSPECTIVAS

Todas las escuelas del budismo aceptan las enseñanzas de las cuatro nobles verdades. Aun así, para comprender plenamente los aspectos sutiles de esta importante enseñanza, necesitas entenderla desde la perspectiva más elevada, porque si careces de una comprensión correcta de la naturaleza de la realidad, no lograrás una cesación completa del sufrimiento. La enseñanza más elevada y sutil sobre la visión correcta se encuentra en la escuela del Camino Medio.

Entre los practicantes espirituales existen diferentes niveles de inteligencia. Por ello, cuando el Buda explicó la naturaleza última de la realidad, primero habló del nivel burdo de la ignorancia. Después, para el beneficio de los practicantes de aptitudes mentales de nivel medio y avanzado, habló del nivel sutil de la ignorancia. En los textos budistas, por tanto, podrás encontrar enseñanzas sobre la ignorancia y la realidad absoluta explicadas desde varios niveles de sutileza dependiendo del público al que el Buda se dirigía. Desde un punto de vista filosófico, las explicaciones sutiles que dio son más definitivas que las explicaciones burdas.

Si fueses a analizar las presentaciones de la naturaleza absoluta de la realidad que se encuentran en las escuelas filosóficas inferiores, usando los procesos de razonamiento que se enseñan en los tratados del Camino Medio, descubrirías que son contradictorias y quedarían refutadas a través del razonamiento. Claro que las otras escuelas también dirigían críticas al punto de vista del Camino Medio, pero estas críticas no alcanzan a comprender la verdadera naturaleza de las cosas. Ningún aspecto de sus objeciones está fundado en una comprensión exhaustiva que pueda demostrar contradicción lógica alguna en el punto de vista del Camino Medio. Por tanto, aunque ambas filosofías fueron enseñadas por el bienaventurado Buda, las palabras sagradas cuyo significado está libre de cualquier defecto bajo el escrutinio de un análisis metódico tienen que ser aceptadas como definitivas.

El Buda mismo enfatizó la necesidad de analizar sus palabras con una mente objetiva provista de un escepticismo curioso. El Buda declaró:

> Oh, monjes y sabios,
> al igual que el oro se pone al fuego, se corta y se frota,
> examinad mis palabras bien
> y aceptadlas, pero no por vuestra devoción [3].

El Buda enseñó de formas tan diversas porque tuvo en cuenta la diversidad de las facultades, las tendencias y los intereses mentales de sus discípulos. Por ello, en las enseñanzas budistas es importante distinguir entre las enseñanzas provisionales, que presentan una verdad provisional, y aquellas que son definitivas y que pueden ser aceptadas tal como son. La visión de la escuela del Camino Medio es la que puede ser sostenida con profunda satisfacción, ya que la naturaleza última de la realidad identificada en esta visión no es vulnerable a la refutación por mucho que se sujete a un análisis crítico. Por tanto, los textos que presentan la visión del Camino Medio se consideran definitivos.

Hablar de las cuatro nobles verdades de acuerdo con la comprensión del Camino Medio implica hablar de dos niveles dentro de las cuatro nobles verdades: un nivel burdo y un nivel sutil. Dado que el Buda dio presentaciones burdas y sutiles de la ignorancia fundamental y de la naturaleza de la realidad, las cuatros nobles verdades también tienen una presentación burda, fundada en las enseñanzas provisionales que dio el Buda, y una presentación sutil, cuya base se encuentra en sus enseñanzas definitivas sobre la naturaleza de la realidad.

LAS DOS VERDADES

En *Versos sobre los fundamentos del Camino Medio,* el gran maestro Nagarjuna expone:

> Las enseñanzas que impartió el Buda
> están basadas íntegramente en dos verdades[4].

Para entender la presentación sobre las cuatro nobles verdades de acuerdo con la visión del Camino Medio es esencial entender estos dos niveles de la verdad, el nivel convencional y el absoluto. Tal como hemos visto, sin la comprensión de la verdad última, la verdadera forma de ser de las cosas, se hace extremadamente difícil presentar la cesación de forma exhaustiva. Por eso escribí:

> Mediante la comprensión de las dos verdades, la naturaleza de la base,
> estableceré cómo, a través de las cuatro verdades, entramos y salimos del samsara.

Además, dado que esta comprensión de las dos verdades es la que permite entender plenamente la naturaleza de la

46

Joya del Dharma, y esto a su vez nos permite una comprensión más profunda de la naturaleza de la Joya del Buda y la Joya de la Sangha, escribí:

> Asentaré firmemente la fe en las Tres Joyas, la cual surge del conocimiento.
> Que yo sea bendecido para que la raíz del camino que libera se establezca firmemente dentro de mí.

En otras palabras, que surja en mí una seguridad firme en las Tres Joyas a raíz de la verdadera comprensión, basada en un reconocimiento claro de la naturaleza de los tres objetos de refugio; y que, gracias a ello, la raíz del camino de la liberación se establezca firmemente en mí.

El orden que he esbozado aquí está basado en el enfoque que Maitreya ofrece en su *Ornamento del conocimiento claro [Abhisamayalamkara]*, en el que, después de la generación de la mente del despertar, presenta las siguientes instrucciones:

> Las prácticas y las [cuatro nobles] verdades,
> al igual que las Tres Joyas, como el Buda...[5]

En estas líneas Maitreya alude al contenido de las prácticas, presentando las instrucciones sobre las dos verdades, las instrucciones sobre las cuatro nobles verdades (el marco para las prácticas) y las instrucciones sobre las Tres Joyas (el soporte para las prácticas). He seguido este mismo orden en el versículo que aparece aquí.

Ahora bien, en el budismo existen dos objetivos: la meta

inmediata de lograr un renacimiento más elevado como ser humano o como dios, y la meta final de lograr la bondad definitiva. Las enseñanzas sobre cómo lograr un renacimiento más elevado se basan en cultivar «una visión mundana correcta». ¿Cuál es la visión mundana correcta? Esto hace referencia a la visión correcta de la ley del karma y sus efectos, que está basada en la convicción del principio de la originación interdependiente. La meta que se busca y se logra en función de esta visión es un renacimiento superior.

Si, por el contrario, desarrollamos la comprensión sutil de la existencia de las cosas como designaciones conceptuales, habremos entendido que la originación interdependiente está vacía, y en función de esto surge «la visión correcta que trasciende lo mundano» (a diferencia de la «visión *mundana* correcta»). La meta alcanzada como fruto de esta visión es el bienestar definitivo. Por tanto, incluso las metas de la espiritualidad budista están enmarcadas dentro del contexto de las dos verdades.

Además, el bienestar definitivo más elevado, el estado omnisciente de un buda, está formado por dos niveles: el cuerpo sublime de la forma *(rupakaya)* y el cuerpo sublime de la verdad *(dharmakaya)*. El cuerpo físico de un buda se logra a través de la acumulación de mérito —el potencial positivo producido por acciones puras de bondad, generosidad y otras prácticas virtuosas—, y el cuerpo de la verdad se logra a través de la acumulación de sabiduría o de la comprensión profunda de la realidad. Dado que acumulamos mérito en función del aspecto aparente de la originación interdependiente y acumulamos sabiduría en función del aspecto vacío de la originación interdependiente, se concluye que incluso el estado de budeidad se define a partir de las dos verdades. Por esta razón se afirma que todas las enseñanzas presentadas por el Buda, por muy extensas que puedan ser, fueron enseñadas dentro del marco de las dos verdades.

Las dos verdades a las que estamos haciendo referencia son los dos niveles de la realidad, el de las apariencias y el de la realidad misma. Estos dos niveles se corresponden con la comprensión del mundo basada en las apariencias y la comprensión del mundo basada en la realidad en sí, la verdadera forma de ser de las cosas. En nuestra forma corriente de hablar reconocemos diferentes niveles de realidad; distinguimos entre las apariencias y la realidad, e intuimos diferentes niveles de realidad. Las enseñanzas sobre las dos verdades nos ofrecen un marco conceptual para la intuición que tenemos acerca de esta diferencia. En esta distinción que experimentamos entre la realidad aparente y la verdadera, la naturaleza real y última de las cosas constituye la *verdad absoluta*, y la comprensión desarrollada dentro del marco de las apariencias, o de nuestra percepción cotidiana, constituye la *verdad convencional.*

¿Cuáles son entonces las características de las dos verdades? Las verdades convencionales son las impresiones del mundo que se obtienen por una comprensión que no investiga la realidad absoluta. Cada vez que, debido a nuestra insatisfacción por la mera apariencia de las cosas, identificadas por una perspectiva poco crítica, indagamos más profundamente con un análisis crítico en pos de la verdadera forma de ser de las cosas, lo que se obtiene a través de tal investigación constituye la realidad absoluta. Esta realidad absoluta, la naturaleza última de las cosas, no hace referencia a algo absoluto de forma independiente y que se sustenta por sí solo, como una entidad ideal superior; más bien hace referencia a la naturaleza última de una cosa o fenómeno específico. La cosa en cuestión —la base— y su verdadera forma de ser —su naturaleza absoluta— constituyen una sola identidad. Así que, aunque las perspectivas o las características de las dos verdades se definan de forma diferente, ambas pertenecen a una sola realidad. Todos los fenómenos, sean cuales sean, poseen cada una de estas dos verdades.

CAPÍTULO 2

LOS DOCE VÍNCULOS DE LA ORIGINACIÓN INTERDEPENDIENTE

Todas las escuelas de budismo hablan del principio de originación interdependiente *(pratitya samutpada)*. Básicamente esto significa que los fenómenos llegan a existir en dependencia de otros fenómenos. El Buda presentó los doce vínculos de la originación interdependiente, desde el primer vínculo —la ignorancia fundamental— hasta el duodécimo —el envejecimiento y la muerte—, con el fin de describir la naturaleza de la existencia cíclica que se origina interdependientemente. Cuando los mecanismos de causa y efecto, que son la base de las cuatro nobles verdades, se explican en más detalle, empezamos a entrar en las enseñanzas de Buda sobre los doce vínculos de la originación interdependiente.

Al igual que con sus enseñanzas sobre las cuatro nobles verdades, el Buda enseñó dos procesos causales con respecto a estos doce vínculos [6]. Y del mismo modo que con las cuatro nobles verdades, el primer proceso concierne al grupo de fenómenos afligidos, mientras que el segundo concierne al grupo de fenómenos iluminados. En el proceso de aflicción, los vínculos se suceden en el orden típico de causa a efecto, en el cual cada efecto se vuelve la causa, a su vez, del efecto siguiente, culminando en el sufrimiento de la existencia cíclica. Por otra parte, en el proceso que concierne a la iluminación, la cesación de las causas lleva a la cesación de los efectos —primero cesa un vínculo, después el siguiente, hasta que la existencia cíclica llega a su fin—. En otras palabras, las dos primeras nobles verdades —la verdad del sufrimiento y la verdad de su origen— explican el desarrollo de los doce vínculos, y las dos últimas verdades —la cesación y el camino— describen la disolución de los doce vínculos y su resultado, que es la liberación.

Cada uno de los doce vínculos pertenece a la categoría del sufrimiento o a la del origen del sufrimiento. El maestro Nagarjuna, en su *Exposición sobre la esencia de la originación interdependiente*, escribe:

> El primero, el octavo y el noveno son aflicciones;
> el segundo y el décimo son acciones;
> los vínculos restantes son sufrimiento [7].

Aquí Nagarjuna explica los doce vínculos de la originación interdependiente: el primero, la *ignorancia*, el octavo, el *deseo*, y el noveno, el *aferramiento*, son el origen del sufrimiento y son aflicciones, mientras que el segundo, la *volición*, y el décimo, la *existencia*, también son el origen del sufrimiento, pero son acciones kármicas. Por tanto, estos cinco constituyen la verdad del origen del sufrimiento. Los siete restantes —desde el tercero, la *consciencia*, pasando por el *nombre y la forma*, las fuentes, el *contacto*, las *sensaciones* y el *nacimiento*, hasta el duodécimo, el *envejecimiento y la muerte*— constituyen la verdad del sufrimiento.

LA IGNORANCIA FUNDAMENTAL, EL PRIMER VÍNCULO

En el capítulo 26 de *Versos sobre los fundamentos del Camino Medio*, Nagarjuna comienza presentando los dos primeros vínculos, la ignorancia fundamental y la acción de volición:

1. Obscurecidos por la ignorancia y con el objetivo de renacer,
   creamos los tres tipos de acciones;
   es la construcción [de la existencia] por estas acciones
   lo que nos impulsa a la transmigración [8].

La ignorancia obscurece la verdadera naturaleza de la realidad y distorsiona nuestra forma de percibir los objetos, y así es como surge el aferramiento a la existencia de la identidad. Debido a la fuerza de esta ignorancia, todos los objetos con los que nos encontramos en el campo de nuestra experiencia —las formas, los sonidos y demás— los percibimos de forma distorsionada, por la conceptualización de su existencia verdadera. Estas proyecciones generadas por una forma falsa de prestarle atención a los objetos nos llevan al apego y a la aversión, y estas a su vez nos conducen a la acumulación de karma y a renacer en la existencia cíclica.

Bajo el hechizo de la aversión o el apego, por ejemplo, podemos obrar de una forma que le hace daño a los demás, acumulando así *karma no meritorio* o *malsano*, haciéndonos renacer en los reinos inferiores. Por otra parte, motivados por el apego, podemos obrar para ayudar a los demás, acumulando *karma meritorio*, y así lograremos un renacimiento agradable; pero al estar motivados por el apego, la acción sigue basándose en una proyección falsa que surge del aferramiento a la existencia verdadera. En tercer lugar, desilusionados incluso con el placer, y con la aspiración de alcanzar un estado de ecuanimidad, podemos acumular *karma inamovible* a través de estados meditativos profundos de absorción. La frase «los tres tipos de acciones» hace referencia a estos tres: 1) el karma no meritorio, que impulsa a un renacimiento en los reinos inferiores; 2) el karma meritorio, que impulsa a un renacimiento como humano o como dios *deva* del reino del deseo, y 3) el karma inamovible, que impulsa a un renacimiento en los reinos con y sin forma. Los dos últimos son dos variantes de karma meritorio, pero el resultado es diferente en función de la aspiración que motivó la acción.

Estos tres tipos de karma son llamados «acciones que construyen» el nacimiento en el ciclo de existencia. De forma alternativa, «los tres tipos de acciones» pueden ser considerados acciones kármicas del cuerpo, del habla y de la mente llevadas a cabo bajo la influencia de los venenos mentales, dependiendo de la perspectiva con la que lo abordemos. Desde la perspectiva del resultado, existen los karmas no meritorios, meritorios e inamovibles, pero desde el punto de vista de los medios a través de los cuales se llevan a cabo estas acciones, existen las acciones kármicas del cuerpo, del habla y de la mente. Todas estas acciones kármicas son acumuladas debido a la fuerza de la ignorancia, que no alcanza a comprender la naturaleza de la realidad.

Una acción no meritoria —en otras palabras, una acción que se lleva a cabo sin tener presente el bien de los demás y que es dañina para los demás— es motivada por dos tipos de ignorancia. Está 1) el factor motivador *causal,* que es la ignorancia de la verdadera naturaleza de la realidad, y está 2) el factor motivador *coemergente* —aquello que surge junto con la acción—, que es la ignorancia de la ley del karma. La ignorancia de la ley del karma es un tipo de nihilismo que niega la ley de causa y efecto. Por lo general, la ignorancia tiene dos aspectos: el mero *no conocer* algo y el *conocer de forma distorsionada,* pensando que algo es verdad cuando en realidad es falso. Estos dos factores motivadores de una acción negativa son dos maneras de conocer de forma distorsionada. Si la ignorancia que motiva una acción fuera únicamente el no conocer algo, el estado mental subyacente sería neutral, ni virtuoso ni no virtuoso.

Hay numerosas maneras de conocer de forma distorsionada, tales como las que hacen menospreciar —por ejemplo, la visión que ridiculiza el karma— y aquellas relacionadas con la reificación. El ejemplo de esta última es la ignorancia del nivel burdo del aferramiento a la existencia de la identidad de las personas y los fenómenos. De todas formas, si buscamos la fuente original de todos los tipos de ignorancia relacionados con el conocer de forma distorsionada, encontraremos que todos están basados en la ignorancia que se aferra a la existencia verdadera de las cosas. Esta es la ignorancia fundamental, el primero de los doce vínculos. Se le llama *ignorancia* porque distorsiona la percepción de la verdadera naturaleza de la realidad.

Para entender cómo subyace la ignorancia tras cualquier existencia no iluminada necesitamos examinar una paradoja que experimentamos todos. Todos evitamos el sufrimiento y aspiramos a la felicidad de igual manera, y aun así seguimos experimentando una gran cantidad de sufrimiento, a pesar de no desearlo, y rara vez encontramos la felicidad duradera que buscamos. Estos sufrimientos no surgen sin una causa; son producidos por causas y condiciones, y si buscamos la fuente primaria de estas causas y condiciones encontraremos que nosotros mismos somos quienes las hemos acumulado. Este hecho, que somos nosotros los que creamos las condiciones para el sufrimiento a pesar de nuestro deseo de evitarlo, solo puede persistir debido a la ignorancia. Si no fuésemos ignorantes no perpetuaríamos las condiciones de nuestro sufrimiento. En resumen, nuestros problemas e infortunios surgen principalmente por el karma que nosotros mismos creamos, y hacemos esto bajo el poder de la ignorancia.

La última parte de este versículo, «estas acciones... lo que nos impulsa a la transmigración», significa que es nuestro karma lo que determina que nuestro renacimiento sea bueno o no. Como vimos anteriormente, existen tres tipos de acciones de volición —no meritorias, meritorias e inamovibles—, que producen los tres tipos de renacimientos correspondientes. En cuanto a su naturaleza, está la *acción de la intención* en sí y la *acción intencionada* —la idea y su ejecución—. La escuela del Camino Medio, o Madhyamaka, de Nagarjuna, coincide con la escuela Vaibhashika (La Gran Exposición) en cuanto a que la acción intencionada es física, una acción de cuerpo o de habla.

HUELLAS EN NUESTRA CONSCIENCIA

Regresando al texto de Nagarjuna:

2a-b. Con la volición como su condición,
la consciencia comienza la transmigración.

Una vez que la acción kármica ha sido llevada a cabo, tanto la acción de la intención como la acción intencionada cesan. Tras su cesación, lo que queda son algunas huellas del karma. ¿Dónde quedan grabadas estas huellas? Sin entrar en distinciones sobre los diferentes niveles de sutileza del cuerpo, y tomando como ejemplo el cuerpo físico burdo, podemos ver que la continuidad del cuerpo no es estable y que se puede desintegrar fácilmente; por tanto, es difícil proponer el cuerpo como el almacén para las huellas kármicas. Por el contrario, y sin hacer distinciones entre los diferentes niveles de sutileza de la consciencia, la consciencia —que, de acuerdo con el budismo, continúa de una vida a otra— es más estable que el cuerpo en cuanto a su continuidad. Por tanto, los residuos kármicos se quedan grabados en la consciencia interior.

Cuando hablamos de huellas nos estamos refiriendo a las tendencias mentales creadas por el karma que se ha acumulado en el pasado. Esto queda almacenado hasta que las condiciones para que esas tendencias se liberen vuelvan a darse. Son estas huellas las que conectan las acciones cometidas en el pasado con la recogida de sus frutos en algún momento futuro. Esta es la razón por la cual el almacén de las huellas tiene que tener un continuo estable. En este sentido, algunos maestros budistas del pasado propusieron una consciencia básica *(alayaviñana)* como el soporte para las huellas. Otros, creyendo que la esencia de la persona puede encontrarse a través de la reflexión crítica, consideraron que la consciencia que habían identificado como la esencia de la persona era el soporte de las huellas. Ambas explicaciones crean una marco para explicar cómo las huellas kármicas son transmitidas de una vida a la siguiente, pero también acarrean otros problemas filosóficos. La escuela Madhyamaka de Nagarjuna lo enfoca de forma diferente.

Cuando Chandrakirti interpretó los puntos de vista característicos de Nagarjuna, hizo una distinción entre un soporte transitorio de las huellas y un soporte más duradero. Dijo que la consciencia inmediata, presente en el momento de cometer la acción kármica, es el soporte transitorio de la huella, y que el soporte duradero de las huellas es el «yo» o la «persona» construida en función de continuidad de la consciencia de la persona.

Ninguno de estos dos soportes puede ser establecido cuando los verdaderos referentes de sus términos son buscados a través de una investigación crítica. Son meras elaboraciones conceptuales, a pesar de ser convencionalismos no negados por alguna otra cognición convencionalmente válida. Sin embargo, al proponer el «mero yo» como el soporte de las huellas, que en sí mismo es real únicamente en cuanto a nombre y concepto, lo que aparece es una solución muy elegante. Los maestros indios reflexionaron y analizaron esto ampliamente.

He indicado, de forma muy general, que la consciencia, la cual posee un continuo estable, es el soporte de las huellas. Chandrakirti, al comentar sobre el enfoque de Nagarjuna, proporciona una explicación más sofisticada. Los budistas indios clásicos definen una *entidad funcional* como algo que puede producir un efecto. Y Chandrakirti, como madhyamika que es, acepta la *desintegración* o cesación de una cosa condicionada como una entidad funcional, o dicho de otra forma, como causalmente efectiva, y lo explica de la siguiente manera. La *desintegración* es el estado de una cosa condicionada que se establece cuando la cosa cesa o llega a su fin. Esta desintegración es producida por la misma causa que dio pie a esa cosa en primer lugar —la semilla de la desintegración está presente en la creación de todas las cosas condicionadas— y, por tanto, también se entiende que la desintegración surge de una causa. Así que, por definición, debido a que la cesación es producida por una causa, en sí misma tiene que ser una causa, lo cual quiere decir que tiene que ser una cosa funcional.

De acuerdo con esto, Chandrakirti afirma que la desintegración, que de hecho es el cese del karma, es lo que produce los frutos del karma. Esta continuidad de estados desintegrados de karma solo puede ser concebida coherentemente a partir del continuo de la consciencia, o del «mero yo». Ninguna otra razón tendría sentido.

Ahora bien, todas las escuelas clásicas budistas previas al Madhyamaka Svatantrika afirman que, si bien la *[acción de] desintegración* es el resultado de causas, la *desintegración* en sí no lo es. Posteriormente a la desintegración, dicen, no se puede encontrar resto alguno del objeto condicionado que fue producido por una causa. Sin embargo, siguiendo esta misma lógica, también se debería decir que, aunque *el sur-*

gir sea fruto de una causa, *lo que ha surgido*, puesto que ya está establecido, no tendría necesidad alguna de una causa, y entonces habría que decir que lo surgido no está producido por una causa. Esta es otra forma de aplicar el mismo argumento. De cualquier forma, los madhyamikas prasangikas dicen que dado que el *cese* es producido por una causa, la *cesación* que, existe tras el cesar también está producida por una causa. Usando esta misma lógica, los madhyamikas prasangikas afirman que la persona designada según el continuo de consciencia, habiendo acumulado innumerables karmas diferentes, albergará la continuidad del cese de las acciones kármicas.

El significado de «consciencia con volición como su condición» [o «consciencia cuya condición es la volición»] es el siguiente: la consciencia que es el almacén de huellas kármicas se llama *consciencia causal*, mientras que la consciencia sobre la cual maduran los efectos de la consciencia causal, con sus huellas, en el nuevo nacimiento, se llama *consciencia resultante*. La *consciencia* que se presenta aquí como el tercer vínculo es una consciencia causal, específicamente una que es la base para la impresión de una acción kármica motivada por la ignorancia, capaz de proyectar el continuo hacia un nuevo renacimiento en la existencia cíclica.

LA MENTE SIN PRINCIPIO

Los tantras hablan de diferentes niveles de consciencia. Este es un tema de suma importancia que requiere de una contemplación seria. Por ejemplo, debido a que el nivel burdo de consciencia está tan conectado con el cuerpo (incluido el cuerpo sutil, con sus canales, vientos internos y gotas), el cuerpo se convierte en el apoyo y la consciencia burda en lo apoyado. Cuando el cuerpo (el apoyo) se disuelve, la consciencia burda (lo apoyado) se disuelve también con él. Por ejemplo, cuando el órgano del ojo se descompone, la consciencia visual también se descompone.

De esta misma manera, existen muchos tipos de consciencia que dependen del cuerpo. Por ejemplo, solemos hablar de la «consciencia humana», la «consciencia en la vejez» o «la consciencia del enfermo», y cada una de estas depende claramente de un cuerpo. Con frecuencia se oye decir a los budistas que la mente, el continuo de la consciencia, no tiene principio, pero esto no está haciendo referencia a esta consciencia burda. Es obvio que cuando el apoyo, el cuerpo, entra en existencia, gradualmente se van formando los órganos sensoriales, dando lugar a las percepciones sensoriales. De la misma forma, cuando el cuerpo decae, algunas de las facultades cognitivas que dependen del cuerpo también declinan, como es el caso de la pérdida de la memoria. Finalmente, cuando el cuerpo deja de existir, la consciencia que depende de él también llega a su fin. Ninguna de estas puede ser la consciencia sin principio. Aun así, aquellas consciencias que surgieron con el cuerpo como su apoyo surgen igualmente en su naturaleza luminosa y conocedora, y esto requiere que haya una condición específica que les permita surgir con esa naturaleza. «Luminoso», en este contexto, significa simplemente que no es físico, y «conocedor» significa que tiene la capacidad de ser consciente de las cosas. En el budismo, la consciencia suele definirse como «luminosa y conocedora».

Por lo general, el hecho de que exista un órgano físico no implica necesariamente que también haya consciencia. Por ejemplo, antes de la concepción de un bebé ya existe una base física, pero no es el soporte para ninguna consciencia. Aquí *concepción* no significa lo mismo que *fertilización;* para los budistas la concepción ocurre cuando el continuo de la consciencia entra en el cuerpo. Este es un proceso que requiere de un periodo de tiempo. El huevo fertilizado que se encuentra en el útero es igual antes y después de la concepción, pero antes de la concepción no está sirviendo de apoyo para una consciencia. Ahora bien, si la mera existencia de un huevo fertilizado automáticamente conllevara la presencia de una consciencia burda, independientemente del momento de la concepción, entonces también debería haber sensaciones y demás, tanto si ha tenido lugar la concepción como si no.

La cuestión del momento exacto en el que la consciencia entra en el útero requiere de más investigación. Los textos tanto de los sutras como de los tantras mencionan una etapa en que los «fluidos regenerativos» de los padres se unen y entra la consciencia, pero tales afirmaciones provienen de una perspectiva muy general y no son necesariamente definitivas. Hoy en día, gracias a la tecnología, es posible fertilizar un huevo incluso fuera de un útero, dando lugar a una concepción exitosa, tras la cual se introduce el embrión de nuevo en el útero. Algunos relatos ancestrales también hablan de incidentes de concepciones que tienen lugar fuera del útero de la madre. Esto significa que no es indispensable que la concepción humana ocurra en un útero.

Con frecuencia hablo de estos temas porque hoy en día

pueden surgir cosas como estas, que no coinciden con las explicaciones que aparecen en los textos. Por ejemplo, las mediciones del tamaño, la distancia y demás del Sol y de la Luna que se encuentran en el *Tesoro del conocimiento superior (Abhidharmakosha),* de Vasubandhu, contradicen aquellas determinadas por las observaciones empíricas y los cálculos matemáticos. Intentar defender las mediciones que aparecen en los tratados budistas significaría desdeñar la evidencia empírica. Además, dado que el Buda dijo que debemos rechazar posturas filosóficas que no concuerden con la razón, tanto más inapropiado es sostener posturas que entren en conflicto con la experiencia directa. La misma lógica se aplica al tema del momento en el que la concepción tiene lugar. Debemos tratar las explicaciones de los textos budistas como guías generales y no como palabras finales o definitivas.

¿Cómo podemos entonces establecer la autenticidad de las referencias textuales a los fenómenos llamados «extremadamente ocultos» (en comparación, por ejemplo, con el conocimiento de la vacuidad, que está oculto, pero que puede ser inferido a través del razonamiento), cosas imposibles de conocer mediante la observación con una mente ordinaria[9]? Los tratados budistas afirman que podemos validar los textos que hablan de los fenómenos extremadamente ocultos comprobando si contienen contradicciones internas. Los textos a veces se contradicen unos con otros; por ejemplo, el Monte Meru y los cuatro continentes son de gran importancia en la cosmología budista, pero algunos textos dicen que el Monte Meru es cuadrado y algunos dicen que es circular. Esta clase de afirmaciones deben ser verificadas examinando si los textos están libres o no de contradicciones internas.

Volviendo al punto anterior, tiene que haber una condición específica que permita que la consciencia surja de forma luminosa y conocedora. Hablamos de un «ser humano» o de «convertirse en humano», y esto ocurre cuando la consciencia surge con la base de las segregaciones reproductoras de los padres. Pero, ¿cuál es la condición que permite que esta consciencia tenga la naturaleza de luminosidad y la capacidad de percibir un objeto? Una base material no es suficiente. La consciencia requiere de un continuo anterior que comparta su identidad luminosa y conocedora. El cuerpo humano sirve de condición cooperante para una «consciencia humana», pero dado que es algo material y no luminoso, no puede ser la causa principal de esa consciencia. La causa principal de la consciencia tiene que ser un momento previo de consciencia.

Es por esto por lo que el budismo plantea la existencia de vidas pasadas y futuras. Algunas personas pueden incluso recordar sus vidas pasadas. Cuando logramos dominar el estado de absorción meditativa, usando el soporte del nivel burdo de nuestra consciencia presente, podemos aumentar nuestra capacidad de memoria hasta tal punto que se hace posible recordar nuestras vidas pasadas. A medida que aumenta esta capacidad, podemos llegar incluso a intuir, grosso modo, eventos en el futuro.

En mi propia experiencia, varias veces tuve indicios de que Kyapjé Ling Rimpoché, uno de mis mentores principales, era poseedor de esta facultad cognitiva superior; parecía poder leer la mente de otros. Un día le pregunté sobre ello directamente. Rimpoché contestó que podía intuir cosas de vez en cuando, y no negó tener esta facultad de cognición superior. Al ser un monje que guardaba todos los votos, si Rimpoché hubiese proclamado tener una cognición superior sin ser eso verdad, habría roto su voto de abstenerse de hacer proclamaciones falsas sobre sus logros espirituales, ¡y hubiese tenido que renunciar a su condición de monje! También he conocido a otros que, a través del poder de sus prácticas de meditación, han podido recordar sus vidas pasadas. Así que estas cosas ocurren, aunque no estoy seguro de si surgen debido a un nivel sutil de consciencia o debido a algún otro mecanismo.

El punto esencial es este: el aspecto luminoso y conocedor de un estado de consciencia tiene que provenir de un estado anterior de consciencia. Por tanto, se concluye que tiene que carecer de principio. Si fuésemos a proponer un principio al continuo del aspecto luminoso y conocedor de la consciencia, tendríamos que admitir que la consciencia surgió de una causa que no está acorde consigo misma, lo cual es insostenible. Podemos ver que lo mismo ocurre con las cosas materiales: toda sustancia física, da igual el grado de sutileza, tiene una forma y color, y su causa sustancial es otra sustancia material, cuyo continuo podemos observar en el tiempo. Esto no es debido al karma; simplemente es la forma de funcionar del mundo material. Así que la existencia de la consciencia luminosa y conocedora, y la existencia de la materia, lo no mental, son facetas de la forma natural de ser de las cosas. Cada una de ellas tiene su propia continuidad causal, y al mismo tiempo, cada una influye sobre la otra como condición cooperante.

LOS CUATRO PRINCIPIOS

Los tratados budistas hablan de cuatro líneas, o principios, de razonamiento: el principio de la naturaleza, el principio de la dependencia, el principio de la función y el principio de la evidencia. En las ciencias también se pueden encontrar versiones paralelas de estos cuatro principios, las leyes naturales. El *principio de la naturaleza* simplemente significa que el mundo existe de un cierto modo y no de otro, como en el ejemplo anterior de las continuidades mentales y materiales, y el razonamiento basado en este principio implica argumentar que los fenómenos tienen que cumplir con la forma de ser de las cosas. Además, el observar estas propiedades de la naturaleza nos permite deducir otras propiedades.

La interdependencia de cosas que coexisten, y el proceso de secuencias causales, devienen en cambios en las formas y en los estados de los fenómenos. La existencia de estos diferentes efectos ilustra el *principio de la dependencia*, que significa que todo surge de una causa relacionada. Por ejemplo, una aplicación de este principio en el análisis racional sería argumentar que debido a *tal cosa,* entonces *otra cosa* también tiene que ser cierta. Por ejemplo, podría deducirse que si en el día de hoy surge enfado en mí, este enfado no va a desaparecer sin más, sino que producirá algún tipo de efecto; por ejemplo, me sentiré intranquilo, lo cual a su vez se volverá la causa de un efecto futuro.

Esto conecta íntimamente con el *principio de la función*, que investiga los resultados de ciertos fenómenos, la observación de los efectos. Por ejemplo, la consecuencia de una mente enfadada es un estado interno intranquilo, y la consecuencia de una mente generosa es la tranquilidad. De esta forma, el budismo enseña que las acciones positivas devienen en experiencias placenteras y que las acciones negativas devienen en sufrimiento. La semilla del resultado, hasta cierto punto, está presente en su causa, de la misma forma que el potencial de un roble está presente en una semilla de bellota. Razonar de esta forma es hacer uso del principio de la función.

El *principio de la evidencia* hace referencia a las deducciones más generales que se pueden extraer en función de los tres principios anteriores. Este principio queda ilustrado en afirmaciones como esta: «Si quieres encontrar la felicidad duradera, tienes que disciplinar tu mente». La mente existe como un continuo (el principio de la naturaleza); un momento de consciencia transforma los momentos de consciencia venideros (el principio de la dependencia); una intención dañina deviene en una experiencia desagradable (el principio de la función); por tanto, si no quieres sufrir y deseas ser feliz, tienes que aprender a controlar tu mente para crear únicamente intenciones positivas y beneficiosas. Al reflexionar sobre estos hechos, y al ver que los diferentes estados mentales tienen diferentes funciones, llegarás a entender en profundidad cómo el disciplinar tu mente te lleva a la felicidad, y desarrollarás mayor entendimiento de la forma de ser de las cosas (el principio de la evidencia).

POR QUÉ CAMBIAN LAS COSAS

Ya ha pasado algún tiempo desde que empezaste a leer este libro. El tiempo, obviamente, nunca se detiene; sigue avanzando instante tras instante. De la misma forma que los seres vivos (los habitantes del mundo) están sujetos al cambio, el mundo en el que viven (el entorno externo) también cambia. ¿Qué fuerza es la que hace que el entorno exterior y los seres que lo habitan experimenten el cambio? Se debe a que, para empezar, estas cosas surgieron de sus causas. El hecho de que todas las cosas condicionadas experimenten el cambio instante tras instante no es el efecto de un tercer factor ni es debido a ninguna fuerza externa. La causa que los produjo está, por su propia naturaleza, sujeta al cambio, y puesto que todas las cosas comparten la naturaleza de sus causas, también están sujetas al cambio, incluso en el transcurso de una ínfima milésima de segundo.

Podemos hablar en general del nivel burdo de la impermanencia, como cuando morimos o cuando algo es destruido o queda calcinado. A esto también se le llama «impermanencia en términos de cesación de la existencia continuada». Ocurre cuando surgen condiciones adversas para la continuidad de un fenómeno específico. La desintegración que tiene lugar instante tras instante es una impermanencia más sutil, y este es el tipo de impermanencia que caracteriza las causas de los fenómenos. La afirmación de las enseñanzas budistas que dice: «Todas las cosas condicionadas son impermanentes» hace referencia a esta impermanencia sutil.

Si investigáramos, veríamos claramente que la noción de que las cosas puedan surgir sin causa alguna nos lleva a todo tipo de consecuencias y contradicciones extremas. Por ejemplo, no habría motivo alguno por el que las plantas no pudiesen crecer en medio de un invierno gélido. Básicamente, que las cosas pudiesen surgir sin causa alguna conllevaría no solo el colapso de la causalidad kármica, sino un colapso completo de la ley de causa y efecto. Por el contrario, el razonar que las cosas son el resultado de causas está libre de tales falacias de la lógica.

Además, si una causa es identificada como eterna, esto también es sospechoso en cuanto a su lógica. Si la causa nunca cambia y persiste en todo momento, sus efectos, que comparten la misma naturaleza, tampoco estarían sujetos al cambio. Dado que podemos verificar a través de nuestra observación empírica que un efecto está sujeto al cambio, podemos deducir que su causa principal también está sujeta al cambio. Y no solo eso; el proceso de causalidad mismo transforma la causa, así que si algo fuese realmente eterno no podría producir cosas, ya que esto lo cambiaría. Así que la noción de que algo pueda surgir de una causa eterna es insostenible.

De forma parecida, afirmar que las cosas pueden surgir de una causa que no está relacionada con sus efectos tampoco es sostenible. Lo que quiere decir esto es que las características específicas del efecto tienen que corresponder con las potencialidades que moran en la etapa causal. No es necesario que todas las características del efecto estén presentes en la etapa causal, pero las diferentes propiedades de los efectos tienen que corresponder con las potencialidades presentes en la causa. Los robles surgen de las bellotas y no de las semillas de manzano: causa y efecto tienen que concordar el uno con el otro. Es solo a partir de tales relaciones concordantes como podemos correlacionar los fenómenos en términos de causa y efecto. También es difícil proponer que los efectos surgen de una sola causa. Los efectos solo surgen a través de la conjunción de numerosas causas y condiciones. Existe lo que podemos llamar una causa directa, pero la efectividad de esa causa depende a su vez de muchas otras causas y condiciones, y la mera presencia de esa causa en sí misma no significa que vaya a surgir un efecto específico. ¿Por qué ocurre esto? Son los cambios en las manifestaciones de la causa los que permiten que los efectos aparezcan, y algunos elementos del vínculo causal total podrían no materializarse antes de que surja el efecto. Una bellota, por ejemplo, puede no recibir suficiente tierra, agua o luz para brotar y crecer. De hecho, las contingencias que yacen tras la manifestación de cualquier fenómeno son complejas e infinitamente vastas. Así que, a excepción del caso de una causa directa con potencialidad imparable —en el que la causa está madura y su presencia prácticamente asegura la existencia del efecto—, la presencia de la causa no garantiza la aparición del efecto. Los efectos surgen solo en función de numerosas causas y condiciones, y no es posible que una causa por sí sola produzca un efecto.

Ahora bien, en esta red de causas y efectos existen dos tipos de red: la red de la materia y el mundo externo, y la red del mundo interior de pensamientos, sentimientos y demás. Así que podemos hablar de causalidad física y causalidad mental. Aunque los dos tipos de causa y efecto —el material y el mental— operan en sus propios ámbitos, aun así se afectan mutuamente. Las experiencias de felicidad y sufrimiento surgen en dependencia del mundo externo material, lo cual llamamos la *condición objetiva*. Por ejemplo, un estado mental de temor puede surgir en dependencia de un objeto externo, tal como una serpiente. Pero para que surja la experiencia interna de felicidad o sufrimiento también tiene que haber una *condición causal interna*. La serpiente por sí sola no es suficiente para inducir una experiencia de temor. Las experiencias de felicidad y sufrimiento surgen de acuerdo con estas dos condiciones.

Una dimensión importante del punto de encuentro entre la causa y efecto del mundo interno (mental) y las interacciones de causa y efecto en el mundo externo (no mental) es la intención del agente. Aquí es donde el *karma* entra en escena. Nuestra intención —las motivaciones que impulsan nuestras acciones— es la que deja huella en nuestra mente y se convierte en la causa de experiencias futuras de felicidad y sufrimiento, dolor y placer. Por tanto, el karma es parte de nuestra red mental interna de causa y efecto.

La ley de causa y efecto opera en cada uno de los tres elementos del budismo que mencionamos anteriormente: la base, el camino y el fruto. La ley natural de causa y efecto es un aspecto importante de la base —la forma de ser de las cosas—, y tanto el camino como el resultado final también dependen del mecanismo complejo de la causalidad.

EL KARMA, EL SEGUNDO VÍNCULO

Las acciones pueden ser puras, como las acciones incontaminadas que dan lugar a las cualidades iluminadas en los diferentes niveles del camino, o pueden ser afligidas. En el contexto de los doce vínculos, las acciones o el karma del que se habla es del tipo afligido y no iluminado, que nos impulsa a seguir renaciendo dentro del ciclo de la existencia. La semilla de este tipo de karma tiene sus orígenes en las aflicciones, con la ignorancia fundamental como aflicción primaria, y esto da lugar a todas las otras consecuencias, incluidas el envejecimiento y la muerte. Tal como declaró Nagarjuna en el versículo 1: «Obscurecidos por la ignorancia y con el objetivo de renacer, creamos los tres tipos de acciones». En otras palabras, debido a la acción kármica acumulada a través del poder de la ignorancia fundamental, se forma un *karma que se proyecta*, un karma que impulsa un nuevo renacimiento en el samsara.

Aunque todas las acciones kármicas tienen su origen en la ignorancia, no son todas iguales. Mientras no hayamos alcanzado «el camino de la visión» (el momento en el que el obscurecimiento de la ignorancia fundamental ha sido penetrado plenamente por medio de un conocimiento directo de la vacuidad), todas nuestras acciones estarán contaminadas por esa ignorancia. Sin embargo, algunas acciones kármicas —específicamente aquellas influidas por la visión correcta de la vacuidad, la verdadera renuncia y la mente del despertar— pueden ayudarnos a salir de la ignorancia. Este tipo de acciones no forma parte del segundo vínculo. Las acciones kármicas que surgen desde el verdadero conocimiento —al verlo todo como ilusorio, carente de una existencia intrínseca— difieren completamente de las acciones kármicas que nos impulsan al renacimiento en la existencia samsárica. Lo mismo ocurre con las acciones motivadas por la verdadera renuncia, como el pensamiento sincero: «¡Cuánto deseo ser libre de la existencia condicionada por el sufrimiento!», que surge al reconocer que las aflicciones son lo que nos encadena al sufrimiento. Y lo mismo ocurre también con las acciones acumuladas a través de la mente del despertar, la intención altruista de asegurar el bienestar de todos los seres con mente oscurecida. Estas acciones solo tienen una ligera semejanza con la verdad del origen del sufrimiento, y devienen en la obtención de las condiciones apropiadas para la práctica espiritual. Por ejemplo, haber logrado esta existencia corporal única como ser humano en el reino afortunado, que es la base para cultivar la omnisciencia, a través de la acumulación de karma positivo, también puede ser la consecuencia de haber generado la mente del despertar.

En resumen, el segundo vínculo, la acción de volición, es una acción kármica acumulada con ignorancia fundamental como su motivación causal, y da lugar a la existencia samsárica. Por el contrario, las acciones acumuladas con el reconocimiento de que todo carece de una existencia verdadera, o las acciones motivadas por la verdadera renuncia o por la mente inalterada del despertar, constituyen las condiciones para alcanzar el bienestar definitivo. Como siempre digo, que una acción kármica sea sana o malsana depende de la motivación que hay tras ella, y también, que una acción produzca una existencia samsárica o lleve a la liberación depende principalmente de la motivación que hay detrás.

Desde la perspectiva budista, el estado mental en el que nos encontramos cuando nos acercamos a la muerte es muy importante. Se puede decir que el estado de nuestra mente en el momento de la muerte es lo que guía el rumbo de nuestro siguiente renacimiento. Si los factores activadores son el deseo y el aferramiento, esto será lo que guiará el rumbo kármico en una dirección determinada. Pero si el factor activador es la compasión o el altruismo, eso nos guiará en otra dirección.

Existe una historia de cuando Gungthang Rimpoché estaba en el monasterio Tashikhyil[10]. Un anciano monje que se hallaba a punto de morir se había estado aferrando a la vida durante tanto tiempo que Gungthang Rimpoché vino a verle para averiguar qué estaba pasando. Lo que descubrió fue que el monje estaba profundamente apegado al delicioso té con mantequilla del monasterio Tashikhyil. Gungthang Rimpoché le aseguró al anciano monje: «No te preocupes. ¡En el paraíso de Tushita el té con mantequilla es mejor todavía!» Gracias a eso el monje, por lo visto, pudo soltar su aferramiento y falleció apaciblemente. La pregunta aquí es: ¿cuál fue el factor kármico activado en el momento de su muerte, su apego al té o su deseo de renacer en Tushita?

Incluso la gente corriente como nosotros, cuyas mentes están dominadas por el engaño y la ignorancia, podemos impulsar nuestro renacimiento a través de la fuerza de estados mentales como la compasión y la aspiración altruista. Es vital, en especial para los practicantes budistas, crear un estado mental virtuoso en el momento de la muerte. Para la persona que está falleciendo, y para las personas que le rodean, es importante crear un ambiente que ayude al moribundo a desarrollar un estado mental virtuoso.

LOS VÍNCULOS TERCERO Y CUARTO

Nagarjuna continúa:

2c-d. Una vez que la consciencia ha entrado,
nombre y forma entran en existencia.

El tercer vínculo es la consciencia, específicamente la consciencia en la que han quedado grabadas las huellas de las acciones de volición que impulsarán a un nuevo renacimiento. El *Ornamento de sutras Mahayana [Mahayanasutralamkara]*[11] habla de cuatro posibles formas de renacimiento. Existe el renacimiento impulsado por el karma y las aflicciones, es decir, a través de haber completado el décimo de los doce vínculos de la originación interdependiente, el de la *existencia*. Existe el renacimiento impulsado por la compasión, el renacimiento impulsado por las oraciones de aspiración y el renacimiento impulsado por las absorciones meditativas. Por tanto, el renacimiento puede ocurrir de diferentes formas.

De todos modos, no pienses que esta consciencia es una entidad concreta que existe por sí misma. La consciencia siempre depende de un soporte. En los tratados del sistema de los sutras la consciencia se explica en función del cuerpo burdo físico. En el tantra del yoga supremo, que identifica los niveles burdo, sutil y extremadamente sutil de la mente, se dice que también existen los niveles burdo, sutil y extremadamente sutil del cuerpo, los cuales actúan como soportes para los tres niveles de la mente. En todos estos casos, sin importar el nivel de sutileza, la consciencia depende de un cuerpo.

Por eso, en el momento de la muerte, cuando el cuerpo burdo se deja atrás, el cuerpo extremadamente sutil permanece inseparablemente conectado con la consciencia. El «yo» que se designa en función de este cuerpo extremadamente sutil también continúa existiendo inseparablemente con él.

Usando el ejemplo de un ser que nace de un útero en el reino del deseo, las bases sensoriales comienzan a formarse cuando la consciencia conecta con el nuevo nacimiento.

En ese momento, cuando comienza la nueva existencia corporal burda, los cinco agregados ya están presentes. Por eso, en la línea «nombre y forma entran en existencia», la «forma» hace referencia al cuerpo burdo, y los otros cuatro agregados no físicos —sensación, discernimiento, formaciones mentales y consciencia— reciben la etiqueta de «nombre». *Nombre y forma* es el cuarto de los doce vínculos de la originación interdependiente.

LOS VÍNCULOS QUINTO, SEXTO Y SÉPTIMO

Lo siguiente que comenta Nagarjuna es:

3a-b. Una vez que el nombre y la forma se han desarrollado,
las seis esferas sensoriales entran en existencia.

Después de materializarse el vínculo de *nombre y forma,* lo que emerge —durante la primera, segunda y tercera semanas del embarazo en el ser humano— son las seis esferas sensoriales o «fuentes» *(ayatana):* el órgano del ojo, el órgano del oído, el órgano de la nariz, el órgano de la lengua, el órgano del cuerpo y el órgano mental. Este grupo de seis esferas sensoriales es el quinto vínculo en la cadena de la originación interdependiente. Las esferas sensoriales son órganos o facultades físicas sutiles —en contraste con los órganos burdos físicos en sí— y actúan como intermediarios entre los seis tipos de objetos sensoriales, por una parte, y las seis consciencias sensoriales que las perciben, por la otra. Se dice que las seis facultades sensoriales son la «condición dominante» para que puedan surgir las cogniciones sensoriales.

3c-d. En dependencia de las seis esferas sensoriales,
    el contacto entra en existencia;

4. Surge solo en dependencia
    del ojo, la forma y la capacidad de cognición;
    por tanto, en dependencia del nombre y la forma,
    surge la consciencia.

77

5a-c. La convergencia de las tres
—ojo, forma y consciencia—,
esto es contacto...

Los tratados budistas parecen indicar que la facultad del sentido táctil del cuerpo ya existe en el útero en el momento en el que la consciencia del cuerpo entra en contacto con el aspecto táctil del cuerpo. Creo que en ese momento, y de forma parecida, la consciencia del oído también oye sonidos. Desconozco lo que sucede en cuanto a la consciencia del olfato, que percibe olores, o la consciencia del gusto, que percibe sabores. Tampoco hay contacto entre la consciencia del ojo y los objetos visuales. No obstante, los órganos sensoriales, como la facultad del ojo y demás, ya están formados en el útero.

Después del nacimiento, la unión de estos tres factores —en el caso de una experiencia visual, los tres factores son: una forma externa, la facultad sensorial visual, que es la condición dominante, y la consciencia visual— permite que surjan las cogniciones que perciben sus correspondientes objetos. Los otros tipos de cogniciones sensoriales pueden ser descritos de la misma manera. El encuentro del objeto, la facultad sensorial y la consciencia es lo que llamamos *contacto*.

5c-d. ... A partir del contacto
surge la sensación.

Aquí la *sensación* no describe las emociones complejas, como la ira, la envidia y demás, sino más bien indica nuestra forma de experimentar algo como agradable, desagradable o neutral. Una vez que se da el contacto —la convergencia del objeto, la facultad sensorial y la consciencia—, el contacto mismo, como consecuencia de la cadena causal que perpetúa la existencia cíclica, nos lleva a sensaciones o experiencias agradables o desagradables, el séptimo vínculo.

LOS VÍNCULOS OCTAVO Y NOVENO

Nagarjuna continúa:

> 6a-b. Condicionado por la sensación, surge el deseo;
> uno desea debido a la sensación.

Las sensaciones que surgen a partir del contacto están teñidas por nuestra proyección de que las cosas tienen una existencia verdadera. A su vez, estas sensaciones producen dos tipos de deseo: el deseo de sensaciones placenteras, en el sentido de no querer separarse de ellas, y el deseo por separarse de sentimientos dolorosos. En función de estos dos tipos de deseo (el octavo vínculo) surge el apego y la aversión.

> 6c-d. Cuando uno desea hay aferramiento;
> [tienen lugar] los cuatro tipos de aferramiento.

El *aferramiento* o la *apropiación* aquí es una forma de apego. Tal como acabamos de ver, condicionados por la sensación surge el deseo, el querer sensaciones deseables y querer separarse de sensaciones desagradables. Para mantener estas sensaciones uno desarrolla apego a los objetos sensoriales, a nuestra propia visión y a una moralidad falsa que se basa en la ignorancia. De esta forma uno desarrolla los cuatro tipos de aferramiento: aferramiento a los objetos sensoriales, a las perspectivas [o formas de ver las cosas], a la pretensión de superioridad moral y a la visión engañada de la identidad.

A estos cuatro se les conoce como «apropiación», porque uno se apropia de ellos por la convicción de que nos llevarán a sensaciones placenteras. No es así. Este error, y la apropiación a la que nos conduce, mantiene en funcionamiento el motor de la existencia cíclica.

En resumen, los agregados son lo que nos lleva a obtener estados negativos de existencia. Cuando los agregados se reúnen con las circunstancias apropiadas surge el contacto y la sensación; y en dependencia de estos surge el deseo, y del deseo surge el aferramiento o la apropiación, el noveno vínculo.

Los vínculos décimo, undécimo y duodécimo

Nagarjuna continúa:

7. Donde hay aferramiento
   entra plenamente en existencia el aferrador.
   En ausencia de aferramiento, entonces,
   al ser libre, no habría existencia.

La acción de volición kármica, el segundo vínculo, cesa en el momento que se comete la acción. En cuanto al décimo vínculo, *existencia*, tal como se explicó anteriormente, se puede entender en términos de la desintegración de la acción kármica o en términos de la potencia de ese karma. En cualquier caso, la *existencia* es la semilla kármica que se activa por el deseo y la apropiación, y, por tanto, es lo que se transforma en una potencialidad fuerte que inevitablemente tendrá sus consecuencias kármicas. Esto pertenece a la categoría de karma, o causa, pero como es el estado kármico que justo precede al efecto (en otras palabras, una nueva existencia) lleva el nombre de su efecto. Es la etapa en el continuo de una semilla kármica en la que su potencia ha llegado a plena madurez y el efecto es inminente.

8a-b. Esta existencia también es los cinco agregados,
y de la existencia surge el nacimiento.

Tal como hemos visto, las acciones kármicas son creadas por el cuerpo, el habla y la mente. De estas, las acciones de cuerpo y habla pertenecen al agregado de la forma, y las acciones mentales pertenecen a los otros cuatro agregados: sensación, discernimiento, formaciones mentales y consciencia. La existencia es su efecto, y de la existencia surge el nacimiento, el undécimo vínculo.

Los escritos budistas hablan de cuatro tipos de nacimiento: nacimiento de un útero, de un huevo, del calor y la humedad, y nacimiento espontáneo. De los cuatro, los primeros dos se observan comúnmente, mientras que el nacimiento del calor y la humedad requiere de más investigación. Un nacimiento espontáneo es un nacimiento en el que todas las facultades sensoriales emergen desarrolladas simultáneamente de forma adulta. La referencia al nacimiento en la línea «y de la existencia surge el nacimiento» se hace desde el punto de vista, creo yo, del nacimiento de un útero. En el nacimiento de un útero el primer momento de este vínculo es el momento de la concepción, en el que la consciencia entra en el huevo fertilizado.

8c-d. El envejecimiento, la muerte y el dolor,
   los lamentos, el sufrimiento y demás.

9a-b. Al igual que la desdicha y el desasosiego,
   estos surgen del nacimiento.

Al vínculo del nacimiento le sigue el vínculo del envejecimiento, en el que los agregados físicos y mentales maduran y se transforman a lo largo de varias etapas. La segunda parte del vínculo undécimo, la muerte, se da cuando el continuo de los agregados (en otras palabras, el continuo como componentes psicofísicos del ser) es desechado. Además, mientras estamos vivos, mentalmente experimentamos el sufrimiento, verbalmente emitimos lamentos y corporalmente experimentamos dolor. Alternativamente podemos entender que estas líneas declaran que en dependencia del nacimiento experimentamos dolor en general, y en particular pronunciamos lamentos, a los que les seguirán inevitablemente el dolor físico, la desdicha mental y el desasosiego.

9c-d. Lo que llega a existir
es solo un montón de sufrimiento.

Aquí Nagarjuna habla de «montón de sufrimiento». Esta expresión se encuentra en un sutra sobre la originación interdependiente [12], y creo que Nagarjuna la usa con la misma connotación. Esta colección de agregados —cuya causa es la ignorancia fundamental y cuyas condiciones cooperativas son el apego y la aversión— está sujeta al sufrimiento desde el momento del nacimiento hasta el final de la vida. Además, dado que es el vehículo para la creación de más sufrimiento en vidas futuras, continuamente se nos niega la felicidad que anhelamos y seguimos sufriendo el tormento que queremos evitar. Así es como los seres están atrapados en el ciclo de existencia samsárica, y por tanto se le llama «montón de sufrimiento». De los tres tipos de sufrimiento —el sufrimiento evidente, el sufrimiento del cambio y el sufrimiento del condicionamiento (tal como se exploró en el primer capítulo)—, el sufrimiento, en la expresión de Buda «el montón de sufrimiento», hace referencia principalmente al sufrimiento del condicionamiento.

LOS DOCE VÍNCULOS EN EL ORDEN INVERSO

A continuación, Nagarjuna presenta los doce vínculos en el orden inverso:

10. La raíz de la existencia cíclica es la acción;
por eso los sabios no actúan.

83

El que no es sabio es un agente;
el sabio, al ver la talidad, no lo es.

Este versículo establece la forma en la que la persona sabia no perpetúa el ciclo de la existencia. Esto es posible al no involucrarse en acciones kármicas (es decir, acciones contaminadas por la ignorancia), lo cual apunta hacia la explicación del orden inverso de los doce vínculos de la originación interdependiente. Habiendo estudiado la secuencia de la originación, desde la ignorancia hasta el envejecimiento y la muerte, podríamos preguntarnos: ¿cuál es la raíz de este peso que llevamos a cuestas, de este conjunto de agregados que continuamente nos enreda en la desgracia? Todo esto ocurre por haber *nacido* dentro de los agregados que adoptamos debido al karma y las aflicciones. No adoptamos los agregados por decisión libre propia; nos vemos obligados a ello por lo que dictamina la causa de nuestros agregados: el vínculo de la *existencia*. Cuando el vínculo de la existencia se establece en nuestro continuo mental, no nos queda otra opción que renacer. El establecimiento del vínculo de la *existencia* depende, a su vez, de la activación de nuestro karma a través del *deseo* y la *apropiación* o el *aferramiento*. Igualmente, la formación del deseo y la apropiación requiere de nuestro aferramiento a la existencia verdadera de nuestras *sensaciones* agradables o desagradables. La aparición de estas sensaciones, a su vez, se basa en el encuentro con objetos deseables, no deseables o neutrales. Esto es el *contacto*, la convergencia del objeto, la facultad sensorial y la consciencia. Este contacto también requiere de la presencia completa de las *seis esferas sensoriales*, que, a su vez, dependen de *nombre y forma:* en otras palabras, los cinco agregados psicofísicos. Cuando el vínculo nombre y forma es impulsado por la *ignorancia,* esto se convierte en la base del sufrimiento. Sin embargo, cuando este vínculo es impulsado por factores tales como la mente del despertar, que ve a los demás como más valiosos que uno mismo, es probable que no se vuelva la causa de sufrimiento. Por tanto, para que nombre y forma constituya el cuarto vínculo, tiene que ser impulsado por las causas que producen sufrimiento.

El vínculo nombre y forma, y todos los que vienen a continuación, se llaman *efectos impulsados,* y la aparición de nombre y forma requiere de la presencia de una *causa impulsadora.* ¿Cuáles son las causas impulsadoras? El Buda identificó los tres primeros vínculos como causas impulsadoras: el tercero, la *consciencia;* el segundo, la *acción de volición,* y el primero, la *ignorancia.* Resumiendo, el vínculo nombre y forma aparece a partir de la consciencia que alberga huellas kármicas; y para que surja esa consciencia, se tienen que acumular acciones generadas por la ignorancia, ya sea karma positivo o negativo. Esa ignorancia puede ser la ignorancia de la ley del karma, a nivel mundano o inmediato, pero la causa última o la ignorancia fundamental es el engaño que se aferra a la existencia verdadera.

Por esto, cuando se razona la explicación de los doce vínculos de la originación interdependiente, se establece que la raíz es la ignorancia. Por ejemplo, cuando Aryadeva declara en el siguiente versículo que «la consciencia» es la semilla de la existencia cíclica, está hablando principalmente de la ignorancia que está presente como núcleo de esa consciencia:

La consciencia es la semilla de la existencia,
y los objetos son su campo de experiencia.
Cuando, con relación a los objetos, deje de percibirse una
identidad,
la semilla de la existencia cesará[13].

CÓMO SE COMPLETAN LOS DOCE VÍNCULOS
DE LA ORIGINACIÓN INTERDEPENDIENTE

El ciclo de doce vínculos de la originación interdependiente tiene un comienzo y un final. Podemos entender un ciclo de la siguiente manera:

Ahora mismo estamos experimentando el efecto de una acción de volición que se acumuló en función de un momento específico de ignorancia, un karma que impulsó esta existencia corporal. Por tanto, estamos inmersos en un ciclo de doce vínculos, que comenzó con la ignorancia que impulsó nuestra existencia actual y que continuará hasta que el vínculo de envejecimiento y muerte llegue a su fruto. Desde que nos despertamos esta mañana hasta el momento actual, el pensamiento «yo soy» ha surgido constantemente. Surge debido a que percibimos los agregados como verdaderamente existentes y nos aferramos a ellos como tales. Por eso, en nuestra vida diaria aparecen innumerables situaciones en las que el aferramiento a los agregados físicos y mentales, y la percepción de que nuestros agregados poseen una existencia verdadera, sirven como la base para que surja y para que nos aferremos al «yo» y al «yo soy».

Existen casos excepcionales de personas que han desarrollado una comprensión poderosa de la ausencia de identidad. En el momento en el que surge el pensamiento «yo soy», estas personas recuerdan que el «yo» en realidad no existe. De forma parecida, cuando se encuentran con objetos externos —formas, sonidos y demás— reconocen que estos objetos no existen tal como aparecen en la mente. Pero para la mayoría de nosotros esto es difícil. Al no habernos familiarizado con la visión de la vacuidad, de vez en cuando pensaremos: «Las cosas carecen de existencia intrínseca»; pero no es posible recordar esto en todo momento, y qué decir de encarnar todo lo que esta visión implica.

En nuestro caso, desde el momento en el que abrimos los ojos por la mañana hasta el momento actual hemos experimentado aflicciones debido a nuestro aferramiento a la existencia de la identidad. El aferramiento a la existencia de la identidad de los fenómenos es la base de las aflicciones, y el aferramiento a la existencia de la identidad propia es el catalizador. Estas aflicciones pueden ser burdas, tales como el apego y la aversión, pero también pueden ser más sutiles. Motivados por estas aflicciones, realizamos todo tipo de actividades con el cuerpo y la mente.

En breve, antes de que se haya completado un ciclo de originación interdependiente —y esto puede suceder en un solo instante—, la ignorancia inicia muchísimos ciclos kármicos al implantar huellas en nuestra consciencia. Por ello, la cantidad de karma de volición —el segundo vínculo— que hemos acumulado por ignorancia, y grabado en nuestra consciencia, es inmedible. Desde este almacén gigante de huellas kármicas —todas preparadas para hacer surgir el vínculo de la *existencia* al reunirse con las condiciones necesarias—, una de ellas es activada en el momento de la muerte por el deseo y la apropiación, los vínculos octavo y noveno. Se dice que así, cuando surge el vínculo de la *existencia*, los efectos de los tres vínculos impulsadores —la ignorancia, el karma y la consciencia— han dado su fruto.

Aunque hablamos de un comienzo y un final del ciclo de doce vínculos, por lo general, durante el periodo de envejecimiento y muerte de un ciclo, al igual que durante el periodo entre el contacto y la sensación del ciclo, continuamos acumulando muchísimo karma debido a la ignorancia. Además, dado que el aferramiento al «yo» permanece tan presente, por extensión podemos conjeturar que las aflicciones como el apego y la aversión también surgen en el bebé. Por tanto, desde nuestro comienzo en el útero hasta el día de hoy hemos estado creando karma continuamente.

El pensar así te permite reconocer que esta ignorancia, el engaño del aferramiento a la existencia verdadera, es tu real e inequívoco enemigo. Si en vez de fortalecer la visión de este engaño la confrontas apoyándote en la contemplación de la vacuidad, lo que puede surgir es un cambio auténtico en tu mente. En cualquier caso, es importante recordar que, aunque este engaño de aferrarse a la existencia verdadera sea poderoso, no deja de ser un estado mental distorsionado, y que existe un antídoto igualmente poderoso. Al contemplar así te das cuenta de que hay esperanza. De lo contrario, la situación es desesperanzadora, y al reflexionar sobre *Los tres aspectos principales del camino*, de Jé Tsongkhapa, cuando dice: «Están atrapados en la malla metálica del aferramiento a la identidad; están enredados por las densas nieblas de la ignorancia»[14], te desmoralizarás y suspirarás con angustia.

El motivo de la auténtica esperanza se explica en las siguientes líneas de *Versos sobre los fundamentos del Camino Medio:*

> Todo lo que se origina interdependientemente:
> se explica que esto es vacuidad[15].

Y:

> El simple hecho de cuestionar esta enseñanza [sobre la
> vacuidad]
> rompe la existencia cíclica en pedazos[16].

Resumiendo, cuando contemplamos la forma en la que damos vueltas en la existencia cíclica a través de los doce vínculos, reconocemos que la existencia samsárica no tiene fin y que el verdadero enemigo —la causa raíz de nuestra perdición— es el engaño llamado ignorancia fundamental.

Si carecemos de la visión de la vacuidad, actividades tales como la recitación de mantras para lograr la longevidad y la buena salud nos harán seguir dando vueltas en la existencia cíclica. De igual manera, las acciones virtuosas llevadas a cabo con el deseo de un nacimiento en un reino afortunado en nuestra siguiente vida continuarán siendo una fuente de sufrimiento y el motivo por el que continuaremos en la existencia cíclica. Ninguna de estas acciones puede ser la causa para alcanzar la liberación o la omnisciencia. Incluso las prácticas meditativas motivadas por el deseo de un renacimiento afortunado son causas para continuar en la existencia cíclica. Tal como escribe Jé Tsongkhapa en *El gran tratado de los estadios en el camino:* «Tus acciones virtuosas —con algunas excepciones debido al poder del objeto— constituyen los orígenes comunes del sufrimiento y, por tanto, fomentan el proceso de la existencia cíclica»[17].

Es por esto por lo que en *Versos sobre los fundamentos del Camino Medio,* de Nagarjuna, podemos leer:

> El que no es sabio es un agente;
> el sabio, al ver la talidad, no lo es.

Nagarjuna aquí distingue entre el sabio y el que no lo es: la persona que ha visto la talidad de la originación interdependiente y la que no. Los seres ordinarios e ingenuos que carecen del antídoto a la ignorancia fundamental, un antídoto digno de confianza, son agentes del karma que impulsan sus renacimientos en el ciclo continuo de la existencia. El texto continúa con la explicación de lo necesaria que es la cesación de la ignorancia:

> 11a-b. Cuando la ignorancia ha cesado,
> las acciones no surgirán.

En respuesta a la pregunta: «¿Cómo se puede terminar con esta ignorancia?», el texto afirma:

> 11c-d. La ignorancia cesa a través de
> la comprensión profunda de la talidad y la meditación sobre ella.

No podremos lograr la cesación de la ignorancia a través de la práctica de la bondad amorosa y la compasión. Tampoco podemos eliminar la ignorancia meditando sobre la mente del despertar convencional. Tal como afirman estas líneas, tenemos que llegar a una comprensión decisiva de que la existencia verdadera a la que se aferra nuestra ignorancia no existe en absoluto. La comprensión que se cultiva al escuchar, reflexionar y meditar sobre la vacuidad —negando la existencia verdadera a través del análisis— por sí sola es insuficiente. También tenemos que llegar a la conclusión correcta de la vacuidad desde nuestra experiencia directa. Este es el significado de los versículos citados aquí.

La secuencia de la cesación

Nagarjuna continúa con la presentación de la secuencia en la que los doce vínculos de la originación interdependiente llegan a la cesación:

12. A través de la cesación de esto y aquello,
    esto y aquello no se manifiestan;
    es así como toda la cantidad de sufrimiento
    cesa completamente.

Esto significa que, cuando cesa el primer vínculo, la ignorancia, la acción de volición y la consciencia sobre la cual la huella kármica queda impresa también cesan. En otras palabras, no surgen. Por lo general, sigue permaneciendo una continuidad de consciencia en la ausencia de la ignorancia y la acción de volición. Esta consciencia, que en sí es neutral, ahora puede servir como soporte para las huellas puras, al igual que un trozo de tela blanca puede ser teñido de negro o de rojo.

¿Cuántas vidas son necesarias para extinguir un solo ciclo de doce vínculos? Si ocurre rápidamente hacen falta dos vidas, y cuando es más lento se tardan tres. El motivo es este: en una vida la persona acumula la acción de volición motivada por la ignorancia. Este karma de volición, una vez que queda impreso en la consciencia, puede ser activado en esa misma vida por el deseo y la apropiación, dando lugar al décimo vínculo, la existencia. Inmediatamente después, en la siguiente vida, debido al vínculo de la existencia, el vínculo del nacimiento surge en el mismo momento que surge el vínculo de nombre y forma. A esto le siguen los vínculos restantes, incluidos las seis esferas sensoriales, contacto, sensación, y envejecimiento y muerte. Cuando surgen de esta forma, los doce vínculos se completan en el transcurso de dos vidas. Sin embargo, no es común que la acción que surge desde la ignorancia, impresa en la consciencia causal, llegue a su fruto como el vínculo de la existencia en esa misma vida. Lo que suele ocurrir es que este proceso queda interrumpido, y es en alguna vida futura cuando esa huella encuentra las condiciones necesarias para activar el karma a través del deseo y la apropiación; y solo ahí surge el vínculo de la existencia. A continuación, inmediatamente después de completar el vínculo de la existencia en la segunda vida, se completan los vínculos restantes en la tercera, desde el nacimiento hasta el envejecimiento y la muerte.

Las textos distinguen tres tipos de karma según cómo se

experimenten sus efectos. Primero está el *karma que uno experimenta aquí y ahora,* el karma creado en una etapa anterior de la vida, cuyos efectos son experimentados más adelante, en esa misma vida [18]. En el ejemplo en el que los doce vínculos son agotados en dos vidas, a la acción de volición que es parte de este ciclo se le llama *karma que uno experimentará en el siguiente nacimiento.* Finalmente, la acción de volición en el contexto de la conclusión de los doce vínculos en tres vidas se llama *karma que uno experimentará en otro momento.*

CAPÍTULO 3

EL ANÁLISIS DE LA IDENTIDAD
Y LA AUSENCIA DE IDENTIDAD

LOS TIPOS DE AUSENCIA DE IDENTIDAD

La enseñanza sobre los doce vínculos de la originación interdependiente es común a todas las tradiciones budistas; sin embargo, la interpretación de los doce vínculos, sus procesos y especialmente la explicación del primer vínculo, la ignorancia, en la escuela Madhyamaka es diferente a la del resto de las escuelas filosóficas.

Las otras escuelas definen la ignorancia fundamental como el aferramiento a la existencia de la identidad de la persona. Aferrarse a la existencia de la identidad de una persona significa creer que hay una identidad que difiere en cierta forma de nuestro cuerpo y nuestra mente, nuestros agregados. Se considera que esta identidad actúa como el amo de los componentes físicos y mentales de la persona.

El filósofo budista indio Dharmakirti, del siglo VII, da un ejemplo de esta creencia en *La exposición del significado válido [Pramanavarttika]*. Consideremos que a un anciano cuyo cuerpo se está deteriorando y que siente dolor en todas partes se le concede la oportunidad de intercambiar su cuerpo por otro mucho más sano. Desde la profundidad de su mente surgirá el deseo y la disponibilidad para tomar parte en este intercambio. Esto sugiere que en lo profundo de nosotros creemos en una identidad que es diferente a nuestro cuerpo, pero que en cierta forma es dueña del cuerpo. De forma parecida, si a una persona con mala memoria o cualquier otra anomalía mental se le diera la oportunidad de intercambiar su mente por una mente nueva con poderes cognitivos superiores, también aquí surgiría de lo profundo de su corazón un deseo de participar en esta transacción. Esto sugiere que no solo en lo que concierne nuestro cuerpo, sino también en relación a nuestras facultades mentales, creemos en una identidad que se beneficiaría de un intercambio así, una identidad que en cierto forma es el gobernador o el amo del cuerpo y la mente.

Las otras escuelas definen el aferramiento a la existencia de la identidad como la creencia en esta forma de identidad individual: un amo autosuficiente y sustancialmente real que tiene a su mando un *cuerpo y mente* servil. Para estas escuelas el sentido pleno de la *ausencia de identidad* es la negación de este tipo de identidad. Cuando investigamos e intentamos encontrar esta identidad, analizando si es diferente o idéntica a los agregados psicofísicos, descubrimos que no existe tal identidad. Por tanto, la interpretación de los doce vínculos de la originación interdependiente de las otras escuelas define la ignorancia fundamental como el aferramiento a esta identidad autosuficiente y sustancialmente real.

Los madhyamikas estarían de acuerdo con el hecho de que comprender profundamente esta *ausencia de* identidad abre el camino para invertir el ciclo. Sin embargo, tal como dice Nagarjuna, aunque esta sea una forma de aferrarse a la identidad, no incluye su significado más sutil. Si uno comprende profundamente esta forma burda de ausencia de identidad, se podrán invertir algunos hábitos conectados con las aflicciones más burdas, pero siempre que haya un aferramiento a la existencia intrínseca de los agregados —el cuerpo y la mente—, el aferramiento a la identidad basado en estos agregados siempre será un peligro. Tal como escribe Nagarjuna en *La guirnalda Preciosa [Ratnavali]:*

> Siempre que haya aferramiento a los agregados,
> habrá aferramiento a la identidad;
> cuando hay aferramiento a la identidad, hay karma,
> Y de ahí surge el nacimiento[19].

Nagarjuna declara que la ignorancia fundamental no es únicamente el aferramiento a la existencia intrínseca de la *persona* o de la identidad, sino que este aferramiento a la existencia de la identidad también es el aferramiento a la existencia intrínseca de los *agregados*. Por tanto, los madhyamikas distinguen entre dos tipos de vacuidad: la ausencia de una identidad separada de los agregados, a la cual llaman *vacuidad de la identidad,* y la ausencia de existencia intrínseca de los agregados mismos —y por extensión, todos los fenómenos—, a lo que llaman *vacuidad de los fenómenos*[20]. Nagarjuna y sus seguidores exponen que conocer el primer tipo de vacuidad puede suprimir temporalmente las aflicciones manifiestas, pero que nunca podrá erradicar el aferramiento sutil a la verdadera existencia de las cosas. Para comprender el significado del primer vínculo, la ignorancia fundamental, en su sentido más sutil, tenemos que identificarlo y entenderlo como el aferramiento a la existencia intrínseca de todos los fenómenos —incluidos los agregados, las esferas sensoriales y todos los objetos externos— y no solo a nuestro sentido del «yo».

EL «YO» RELATIVO

La búsqueda de la naturaleza de la identidad, de ese «yo» que instintivamente no desea sufrir y que instintivamente desea lograr la felicidad, puede que haya comenzado en la India hace aproximadamente tres mil años, si no antes. A lo largo de la historia la gente ha observado de forma empírica que ciertos tipos de emociones fuertes y poderosas —como el odio y el apego extremo— nos crean problemas. El odio, de hecho, surge del apego, como el apego a los miembros de nuestra familia, a la comunidad o a la identidad. Cuando estas cosas se ven amenazadas, este apego extremo crea la ira y el odio. A continuación, la ira nos lleva a todo tipo de conflictos y batallas. Algunos seres humanos han tomado una cierta distancia, han observado y han investigado el papel de estas emociones, sus funciones, su utilidad y sus efectos.

Podemos hablar sobre las emociones fuertes, como el apego y la ira, de forma aislada, pero de hecho estas no pueden ser entendidas sin tener en cuenta que quien las está experimentando es un individuo. No se puede concebir una emoción a menos que sea como la experiencia de un ser. De hecho, no es posible separar los *objetos* del apego, la ira o el odio, del individuo que los concibe como tal, porque la caracterización no reside en el objeto. El amigo de uno es el enemigo de otro. Así que cuando hablamos de estas emociones, y especialmente de sus objetos, no podemos analizarlos de forma objetiva, independientemente de las relaciones.

Al igual que podemos hablar de que alguien es una madre, una hija o un cónyuge solo en relación con otra persona, los objetos del apego o la ira solo son deseables u odiosos en relación con aquel que los está percibiendo y que experimenta el apego o la ira. Todos estos términos —madre e hija, enemigo y amigo— son relativos. Lo que debemos entender aquí es que necesitamos saber que las emociones requieren de un marco de referencia, un «yo» o identidad que los experimenta, para así comprender las dinámicas de estas emociones.

Claro que la persona reflexiva se preguntará: ¿cuál es exactamente la naturaleza del individuo, de la identidad? Y esto nos lleva a la siguiente pregunta: ¿dónde está esta identidad? ¿Dónde podría existir? Damos por hecho términos como *este, oeste, norte* y *sur*, pero si los examinamos cuidadosamente podemos ver una vez más que son términos relativos que solo tienen sentido en relación con alguna otra cosa. Con frecuencia el punto de referencia termina siendo dondequiera que uno esté. De hecho, se podría decir que en la visión global budista, el centro de la existencia cíclica básicamente está dondequiera que tú te encuentres. Por tanto, en cierta forma, ¡tú mismo eres el centro del universo!

Además, para cualquier persona, lo más valioso es uno mismo, y constantemente le dedicamos todo nuestro tiempo a procurar el bienestar de esta cosa tan valiosa. En cierta forma, lo que hemos venido a hacer en esta tierra es cuidar de ese valioso ser interior. Sea como fuere, así es como solemos relacionarnos con el mundo y con los demás. Creamos un universo y nos colocamos a nosotros mismos en el centro, y desde este punto de referencia nos relacionamos con el resto del mundo. Comprendiendo esto se vuelve incluso más importante preguntarnos qué es la identidad. ¿Qué es exactamente?

Los budistas hablan del samsara y el nirvana, la existencia cíclica y su trascendencia. El primero, como hemos visto, se puede definir como la ignorancia de la naturaleza absoluta de la realidad, y el segundo, como el conocimiento o la comprensión profunda de la naturaleza absoluta de la realidad. Mientras permanezcamos en la ignorancia de la naturaleza absoluta de la realidad, continuaremos en el samsara. Una vez que logremos la comprensión profunda de la naturaleza absoluta de la realidad, nos estaremos acercando al nirvana o a trascender la existencia no iluminada. Lo que diferencia a las dos es el conocimiento. Y aquí tampoco podemos hablar del conocimiento sin hablar del individuo que tiene o carece de conocimiento. Volvemos a la cuestión de la identidad. ¿Cuál es exactamente su naturaleza?

Este tipo de investigación existía antes de los tiempos de Buda, y esta pregunta era frecuente en la India antes de que él apareciese. La creencia dominante antes de que empezara a enseñar era que, dado que todos tenemos un sentido innato de la identidad, una intuición instintiva y natural de «yo soy», tiene que haber una cosa duradera que sea la identidad real. Dado que las facultades físicas y mentales que constituyen nuestra existencia son transitorias —cambian, envejecen y algún día dejan de existir—, estas no pueden ser una identidad real. Si lo fueran, nuestra intuición de una identidad duradera, que en cierta forma es independiente, pero también es la dueña de nuestro cuerpo y mente, sería falsa. Por tanto, antes del Buda, lo que se aceptaba comúnmente era el concepto de la identidad como algo independiente, separado de las facultades físicas y mentales.

La consecuencia de este tipo de reflexión filosófica es que nuestro aferramiento innato a la identidad se ve reforzado. Estos filósofos indios sostenían que la identidad no se ve sometida al cambio. A veces decimos: «Cuando era joven, yo era así», y «cuando sea mayor, haré esto», y estos filósofos afirmaban que estas declaraciones indican la presencia de una entidad inmutable que constituye nuestra identidad a lo largo de las diferentes etapas de nuestra vida.

Estos pensadores también sostenían que, dado que meditadores expertos podían recordar sus vidas pasadas, su creencia de que la identidad tiene la capacidad de renacer, continuando de una vida a la siguiente, quedaba reforzada. Aseguraban que esta identidad verdadera es inmutable y eterna y, de alguna forma, independiente de los agregados físicos y mentales. Este era el consenso general antes de Buda.

El Buda se declaró en contra de esta postura. No solo dijo que nuestra intuición acerca de una identidad innata es un engaño; también afirmó que las posturas filosóficas que solidifican y refuerzan esta creencia son una fuente de todo tipo de puntos de vista erróneos. Por esto, en los sutras budistas, a esta creencia en una identidad se le llama Mara, la mente del que engaña —la personificación del engaño— y la fuente de todos los problemas. El Buda rechazó la idea de una identidad independiente del cuerpo y de la mente. ¿Significa esto que la persona no existe en absoluto? El Buda respondió que la persona sí existe, pero solo en relación con, y en dependencia de, los agregados mentales y físicos. Por tanto, la existencia del individuo es aceptada como una entidad dependiente y no como una realidad absoluta.

Así pues, todas las escuelas filosóficas budistas coinciden en que no puede hallarse una identidad independiente, separada del cuerpo y de la mente. Pero entonces, cuando decimos «yo hago esto» o «yo hago eso», por ejemplo, ¿cuál es el verdadero referente de la persona? ¿Qué es la persona exactamente? Es en torno a esta identificación exacta de la naturaleza de la persona dependiente como surgieron diferentes opiniones entre las escuelas budistas. Dada su aceptación común del renacimiento, todas las escuelas filosóficas budistas descartan el cuerpo como la base de la continuidad de la persona. Así es que las diferentes opiniones surgen en torno a la forma en la que el continuo de la consciencia es la base para la localización de la persona o del individuo.

Nagarjuna, en uno de los pasajes de *La guirnalda preciosa*, disecciona el concepto de la persona y su identidad. Hace esto explicando que una persona no es el elemento tierra, ni el elemento agua, ni el elemento fuego, ni el elemento viento, ni el espacio, ni la consciencia. Y aparte de estos, pregunta él, ¿qué otra cosa podría ser una persona? Él mismo responde a ello diciendo que una persona existe como la convergencia de estos seis componentes [21]. El término «convergencia» es la palabra crucial aquí, dado que sugiere la interacción de los componentes en mutua interdependencia.

¿Cómo podemos entender el concepto de dependencia? Resulta de gran ayuda reflexionar sobre la declaración de Chandrakirti en su comentario a los *Versos sobre los fundamentos del Camino Medio*, de Nagarjuna, en el que se puede encontrar la siguiente explicación explícita de cómo entender lo que es un buda en términos de originación interdependiente. Al respecto expone lo siguiente: «¿Qué es entonces? Presuponemos la existencia de un tathagata en dependencia de los agregados, ya que no se puede establecer que sea idéntico ni que esté separado de los agregados» [22]. Lo que está indicando es que, si buscamos la esencia de algo con la creencia de que podemos encontrar una cosa real —algo real por sí mismo, de forma objetiva, que exista como un referente válido del término o del concepto—, no alcanzaremos a encontrar absolutamente nada.

EL TIEMPO Y LA IDENTIDAD

En las interacciones que tenemos cotidianamente, con frecuencia hablamos del tiempo. Todos damos por hecho que el tiempo es real. Si fuésemos a investigar qué es exactamente el tiempo, lo podríamos hacer de dos maneras. Una es investigarla con la creencia de que deberíamos poder encontrar algo objetivamente real que podamos definir como *tiempo*. Pero inmediatamente nos encontramos con un problema: veremos que el tiempo solo puede ser entendido con relación a alguna otra cosa, con relación a algún fenómeno o evento específico. La otra forma de investigarlo es usando un marco relativo, sin presuponer la existencia de una entidad objetivamente real. Consideremos, por ejemplo, el momento presente. Si buscamos el momento presente con la creencia de que deberíamos poder encontrar una entidad única en el proceso temporal, un «presente» objetivo, no lo podremos encontrar. A medida que diseccionamos el proceso temporal, lo que encontramos en su lugar es que los eventos ya han pasado o que están por suceder; solo encontramos el pasado y el futuro. El verdadero momento presente no existe, porque el proceso mismo de su búsqueda es, en sí mismo, un proceso temporal, lo que significa que siempre ha de estar a un paso del *ahora*.

Si, por el contrario, buscamos el momento presente usando el marco relativo de las convenciones cotidianas, podemos sostener el concepto del presente. Podemos hablar del «presente año», por ejemplo, en el contexto más amplio de numerosos años. En el marco de doce meses, podemos hablar del «presente mes». De forma similar, dentro del mes podemos hablar de la «presente semana», etc. En este contexto relativo podemos sostener de forma coherente la noción de un momento presente. Pero si buscamos un presente real, que esté presente intrínsecamente, no lo podremos hallar.

Es precisamente de esta misma forma como podemos establecer la existencia de una persona dentro del marco convencional relativo, sin necesidad de tener que ir en busca de una persona intrínseca y objetivamente real que sea la identidad. Podemos mantener nuestra noción racional de la persona o del individuo en relación con las facultades físicas y mentales que componen nuestra existencia particular.

Es por este motivo por el que en el texto de Nagarjuna encontraremos alusión a que las cosas y eventos o fenómenos solo existen como etiquetas y solo dentro del contexto del lenguaje y la designación. De las dos formas de existencia posible —la existencia objetivamente real y la existencia nominal—, la existencia objetivamente real es imposible de sostener, tal como ya hemos visto. Por tanto, solo podemos hablar de una identidad de forma convencional o nominal, en el marco del lenguaje o de la realidad consensual. En resumen, todos los fenómenos existen meramente en dependencia de su nombre a través del poder de las convenciones cotidianas. Dado que los fenómenos no existen de forma objetiva, en los textos se les llama «meros términos», meras «elaboraciones conceptuales» y «meras convenciones».

BUSCANDO LA IDENTIDAD

Al principio del capítulo 18, Nagarjuna escribe lo siguiente:

1. Si la identidad fuese los agregados,
   conllevaría surgimiento y desintegración;
   si fuese diferente a los agregados,
   no tendría las características de los agregados.

Si estamos buscando una identidad esencial, objetivamente e intrínsecamente real, primero tendremos que determinar si esta identidad es idéntica a los agregados o diferente a ellos. Si la identidad es idéntica a los agregados, entonces, al igual que los agregados, la identidad estaría sujeta al surgimiento y a la desintegración. Si al cuerpo se le practicara una operación o si fuese lesionado, por ejemplo, la identidad también sería cortada o dañada. Si, por el contrario, la identidad fuese totalmente independiente de los agregados, no podríamos explicar cambio alguno de la identidad basándonos en los cambios que sufren los agregados, como cuando un individuo empieza siendo joven y después se vuelve viejo, primero está enfermo y después sano.

Además, Nagarjuna también dice que si la identidad y los agregados fuesen completamente diferentes, entonces no podríamos explicar la existencia y el aferramiento a la noción de la identidad en función de los agregados. Por ejemplo, si nuestro cuerpo se viese amenazado, la consecuencia sería que no experimentaríamos un fuerte aferramiento. El cuerpo, por naturaleza propia, es un fenómeno impermanente, que siempre cambia, mientras que nuestra noción de la identidad es que es en cierta forma inmutable, y nunca confundiríamos a los dos si fuesen de hecho diferentes.

Así que no podemos encontrar ninguna cosa tangible y real, ni fuera de los agregados ni dentro de ellos, que podamos llamar identidad. Nagarjuna continúa:

> 2a-b. Si la identidad en sí no existe,
> ¿cómo puede existir lo «mío»?

«Mío» es una característica de la identidad, ya que el pensamiento «yo soy» da lugar inmediatamente al pensamiento «mío». El aferramiento a lo «mío» es una forma de aferramiento a la identidad, porque «mío» se aferra a los objetos relacionados con la identidad. Esta es una variante de la perspectiva egoísta, que lo ve todo en relación con un «yo» existente de manera intrínseca. De hecho, si examinamos nuestra forma de percibir el mundo que tenemos alrededor, no podemos hablar de bueno y malo, del samsara y del nirvana, sin pensar desde la perspectiva de un «yo». No podemos hablar de nada en absoluto. Una vez que la identidad se vuelve insostenible, toda nuestra comprensión del mundo basado en distinguir entre uno mismo y los demás, lo mío y lo que no es mío, se derrumba. Por ello Nagarjuna escribe:

> 2c-d. Cuando la identidad y lo mío son pacificados,
> uno no se aferra al «yo» y al «mío».

Debido a que la identidad y lo mío cesan, el aferramiento a ellos también deja de surgir. Esto tiene resonancia con un pasaje del texto *Cuatrocientos versículos del Camino Medio [Chatuhshatakashastrakarika]*, de Aryadeva, en el que dice que cuando dejas de ver una identidad en relación con un objeto, la raíz de la existencia cíclica llega a su fin[23].

> 3. Aquel que no se aferra al «yo» y al «mío»
> tampoco existe,
> porque aquel que no se aferra
> al «yo» y al «mío» no lo percibe.

Dicho de otra forma, el yogui que ha terminado con el

aferramiento al «yo» y al «mío» no es intrínsecamente real. Si crees en la realidad intrínseca de este yogui, entonces también te estás aferrando a la identidad. Lo que aparece a la mente de la persona que ha establecido la ausencia de la identidad y sus propiedades es únicamente la ausencia de todas las elaboraciones conceptuales. Así como el aferramiento al «yo» y al «mío» tiene que cesar, lo mismo debe hacerse con el aferramiento al yogui que ha puesto fin a tal aferramiento. Ambos carecen de una existencia intrínseca.

Lo que esto indica es que nuestra comprensión de la vacuidad no debe quedarse en algo parcial, negando la existencia intrínseca de algunas cosas pero no de otras. Necesitamos desarrollar una comprensión profunda de la vacuidad, de tal forma que nuestra percepción de la ausencia de una existencia intrínseca abarque el despliegue completo de la realidad y se libere completamente de cualquier elaboración conceptual. La comprensión es de una mera ausencia, una simple negación de la existencia intrínseca.

DESMANTELAR LAS CAUSAS DE LA EXISTENCIA CÍCLICA

Nagarjuna continúa:

4. Al extinguir los pensamientos de «yo» y «mío»
   con respecto a lo interno y lo externo,
   el proceso de apropiación cesa;
   y habiendo cesado, el nacimiento cesa.

Esto alude a los doce vínculos de la originación interdependiente que ya mencionamos. Lo «interno» y «externo» pueden ser entendidos como la noción de una identidad como parte de, o separada de, los agregados. Cuando deja de haber aferramiento a la identidad y a lo mío, entonces, dado que ya no se activan más potenciales kármicos relacionados con los fenómenos externos e internos, el noveno de los doce vínculos de la originación interdependiente —el aferramiento o la apropiación— deja de surgir. Dejaremos de aferrarnos a los objetos del placer y de evitar las cosas que consideramos desagradables. Por tanto, aunque continuemos poseyendo potenciales kármicos, estos ya no son activados por el deseo y el aferramiento, y cuando esto sucede, el nacimiento en la existencia cíclica, el undécimo vínculo, no podrá seguir surgiendo. Esto es lo que significa que el nacimiento llegará a su fin.

Así, a medida que hacemos más profunda nuestra comprensión de la vacuidad, lo que se va debilitando es la fuerza de nuestro karma para impulsar renacimientos en la existencia cíclica. Cuando conocemos la vacuidad directamente, tal como se afirma en *La exposición del significado válido:* «Para aquel que ve la verdad, no existe ninguna proyección»[24]. Dicho de otra forma, una vez que logremos un conocimiento directo de la vacuidad, dejaremos de acumular el karma que impulsa al renacimiento en la existencia cíclica. A medida que, gradualmente, profundicemos en nuestro conocimiento directo, de forma que vaya impregnando toda nuestra experiencia y vaya destruyendo las aflicciones, llegará el momento en el que finalmente eliminaremos por completo la raíz del aferramiento a la existencia intrínseca, y el encadenamiento del renacimiento en la existencia cíclica será descontinuado. Esta es la verdadera libertad o liberación, en la que dejamos de crear el karma que surge de la ignorancia, dejan de estar presentes las condiciones que activan el karma pasado y las aflicciones quedan destruidas desde su raíz. Es por esto por lo que Nagarjuna escribe lo siguiente:

5. Cuando el karma y las aflicciones han cesado, hay liberación;
   el karma y las aflicciones surgen de las conceptualizaciones;
   éstas, a su vez, surgen de las elaboraciones,
   y las elaboraciones cesan por medio de la vacuidad.

Aquí Nagarjuna da una explicación más sutil sobre la dinámica causal de la causalidad. En la existencia cíclica el nacimiento surge por el poder del karma. El karma surge de las aflicciones *(kleshas)*. Las aflicciones surgen de las proyecciones falsas sobre los objetos. El término *conceptualizaciones (vikalpa)* del versículo anterior está haciendo referencia a las falsas proyecciones. Las falsas proyecciones, a su vez, surgen de las elaboraciones conceptuales *(prapañcha)*, y en particular aquellas que se aferran a la existencia intrínseca de los objetos. Cuando cesan las elaboraciones conceptuales del aferramiento a la existencia intrínseca a través de la comprensión profunda de la vacuidad, toda la cadena es destruida. A través de esto, la cadena de vínculos que da lugar a la existencia cíclica y el proceso de invertirlo se vuelven muy claros.

Podemos ver que, en este capítulo de la obra, Nagarjuna explica cómo es posible lograr aquello que se llama *cesación,* la tercera noble verdad. Tal como se explicó anteriormente, la creación de karma acaba cuando uno ve la verdad directamente. A esta etapa se la llama el *camino de la visión*, en la que se eliminan o «cesan» varios «objetos de renuncia», como la creencia en una existencia verdadera, y esta es la primera etapa de la auténtica cesación. Más adelante, una vez que hayamos eliminado las aflicciones en su totalidad y nos hayamos convertido en un arhat, habremos logrado la cesación final.

PRESENTANDO LA CUARTA NOBLE VERDAD

Hasta ahora hemos examinado las primeras tres de las cuatro nobles verdades: el sufrimiento del samsara, la forma de perpetuarse por medio de los doce vínculos y la verdad de la cesación. Como introducción a la cuarta noble verdad, la verdad del camino, podríamos preguntarnos: «¿Cómo podemos meditar sobre la ausencia de elaboraciones conceptuales, la que los nobles pueden ver con su percepción directa de la vacuidad?» El resto del decimoctavo capítulo del texto de Nagarjuna, y también el vigesimocuarto, presentan esta forma de practicar el camino.

Por lo general, cuando nos cruzamos con un término como *elaboración conceptual,* hemos de tener en cuenta que puede significar cosas distintas en contextos diferentes. Por ejemplo, *elaboración conceptual* puede referirse al aferramiento a la existencia inherente, pero también puede referirse al objeto producido conceptualmente al que uno se aferra. Estos objetos conceptualizados y considerados reales ni siquiera existen a un nivel convencional, y son estas las elaboraciones conceptuales que constituyen el objeto de negación en la meditación sobre la vacuidad. El término *elaboración* también puede referirse a la conceptualización de que las cosas están vacías; la vacuidad, como veremos más adelante, solo tiene coherencia en relación con cosas vacías, y la base sobre la cual se establece la vacuidad tiene que existir en sí. Esta palabra también puede hacer referencia simplemente a la existencia. Por último, podemos encontrar el término *elaboración* en el contexto de lo que se llaman *elaboraciones de los ocho extremos:* surgimiento y desintegración, aniquilación y permanencia, ir y venir, identidad y diferencia. Por tanto, el término *elaboración* puede significar muchas cosas.

En este contexto, el término *elaboración conceptual* hace referencia a la mente que se aferra a la existencia inherente de los fenómenos[25]. A lo que se refiere Nagarjuna cuando escribe que la elaboración conceptual «cesa por medio de la vacuidad» es a que la sabiduría que conoce la vacuidad —y no la vacuidad en sí— es la que contrarresta directamente la actividad del aferramiento. La ignorancia se *aferra a* la existencia inherente de todos los fenómenos, mientras que la sabiduría que conoce la vacuidad *niega* la existencia inherente de los fenómenos. Ambos se centran en el mismo objeto, pero se relacionan con él de formas drásticamente diferentes. Por tanto, el conocimiento de la vacuidad es lo que elimina el aferramiento.

Recibí de Serkong Rimpoché, la transmisión oral de la lectura de la explicación de los seis trabajos analíticos de Nagarjuna, y recibí de Khunu Rimpoché la transmisión de cinco de estos[26]. Khunu Rimpoché sabía leer el sánscrito bien; él me explicó que, tomando como referencia el texto sánscrito, la última línea, «Las elaboraciones conceptuales cesan por medio de la vacuidad», puede interpretarse de varias formas. Cuando el texto traducido como «cesan por medio de la vacuidad» es interpretado de forma instrumental, se entiende que, por medio del conocimiento de la vacuidad, las elaboraciones conceptuales llegan a su fin, como describí anteriormente. Pero también puede interpretarse en el sentido locativo, en cuyo caso significa que las elaboraciones conceptuales cesan *dentro* de la vacuidad. En otras palabras, dado que la ignorancia del aferramiento a la identidad es un factor mental que, además de percibir los fenómenos de forma equivocada, también concibe de forma equivocada la naturaleza de la mente en sí (que es por naturaleza luminosa y luz clara, carente de existencia intrínseca), cuando uno conoce la vacuidad, uno logra el entendimiento de la verdadera naturaleza de la mente. Cuando eso ocurre, el aferramiento a la existencia inherente de la mente que concibe la naturaleza de la mente de forma errónea llegará a su fin. Con esta interpretación, el lugar donde se pacifican las elaboraciones conceptuales es dentro de la vacuidad de la propia mente. Así que la última línea puede interpretarse de cualquiera de las dos formas, locativa o instrumental.

NI IDENTIDAD NI AUSENCIA DE IDENTIDAD

Nagarjuna continúa:

6. Que existe una identidad se ha afirmado,
   y que no hay una identidad también se ha presentado.
   Los budas han enseñado
   que ni la identidad ni la ausencia de identidad existen.

También aquí hay dos interpretaciones de este versículo. En la primera interpretación, la primera línea, «Que existe una identidad se ha afirmado», hace referencia a las escuelas no budistas que declaran que existe una identidad que es cierta forma de realidad independiente, individual e inmutable. El ejemplo es el del *atman* o la identidad eterna postulada por las escuelas clásicas indias no budistas, como la Samkhya. Chandrakirti define esta noción de la identidad en *Entrada al Camino Medio [Madhyamakavatara]*:

> Aquello que es el participante, una entidad eterna, un no agente,
> carente de cualidades e inactivo: esto es la identidad que postulan los *tirthikas*[27].

La segunda línea del texto de Nagarjuna hace referencia a otra escuela ancestral no budista de la india, la Charvaka. Los charvakas eran materialistas; muchos de ellos rechazaban la idea del renacimiento y sostenían que la identidad es únicamente la existencia corporal, de tal forma que cuando cesa el cuerpo, la persona también cesa. Por tanto, la segunda línea hace referencia a la visión materialista, que rechaza la existencia de una identidad más allá de la existencia corporal. De acuerdo con esta primera interpretación, las dos últimas líneas representan la postura de Buda, contraria a las primeras dos perspectivas: el Buda ni acepta la noción de una identidad eterna e inmutable, ni la equiparación de la identidad al cuerpo. La primera perspectiva materializa una identidad eterna y la segunda reduce la identidad al cuerpo de esta vida solamente, y estas dos perspectivas clásicas indias son inaceptables para Nagarjuna.

En una segunda interpretación, el mismo versículo puede leerse de tal forma que las cuatro líneas hacen referencia a la visión budista. Con esta interpretación, la primera línea: «Que existe una identidad se ha afirmado», significa que el Buda, dada la diversidad entre sus seguidores en cuanto a sus disposiciones mentales, tendencias filosóficas e inclinaciones naturales, hizo declaraciones en algunos sutras sugiriendo la existencia de algo como una identidad que es independiente de los agregados. Por ejemplo, en un sutra el Buda afirma que los cinco agregados son una carga y que la identidad es el portador de esa carga, lo cual sugiere una creencia en algún tipo de identidad autónoma.

Usando esta misma interpretación, la segunda línea: «y que no hay una identidad también se ha presentado», indica que el Buda también enseñó diferentes niveles de significado de la doctrina de la ausencia de identidad. Estos diferentes enfoques incluyen una ausencia de identidad burda que ve la «no identidad» como un rechazo a la identidad que está compuesta de partes, la cual es la visión de las escuelas inferiores budistas. El Buda también enseñó sobre la «no identidad» como la ausencia de una dualidad sujeto-objeto, la cual es la visión de la escuela Solo Mente. La escuela Solo Mente enseña una doctrina de tres naturalezas, en la que se considera que la *naturaleza perfeccionada* —que es la *naturaleza dependiente* carente de la *naturaleza imputa-da*— existe verdaderamente. En este enfoque se cree que un aspecto de la realidad carece de identidad, mientras que otro aspecto posee identidad. Los madhyamikas rechazan tales aplicaciones relativas de la doctrina de la ausencia de identidad.

Así que las últimas dos líneas se entienden como la postura definitiva del Buda sobre la cuestión de la identidad y la ausencia de identidad: «Los budas han enseñado / que ni la identidad ni la ausencia de identidad existen». El Buda no solo rechazó la existencia intrínseca de la persona, enseñando por tanto la ausencia de identidad, sino que también rechazó cualquier existencia intrínseca y absoluta de la ausencia de identidad misma. Esta es la visión profunda de la vacuidad de todos los fenómenos, la cual también incluye la vacuidad.

Nagarjuna, en sus escritos, nos advierte repetidamente que debemos asegurarnos de no hacer de la vacuidad algo sólido. En otra parte del texto, Nagarjuna comenta que si el fenómeno más minúsculo no careciera de una existencia inherente, entonces la vacuidad en sí sería intrínsecamente real [28]. Si la vacuidad en sí fuese intrínsecamente real o absoluta, la existencia intrínseca nunca podría ser negada. Por ello Nagarjuna hace referencia a la visión del aferramiento a la realidad intrínseca de la vacuidad como una visión irreparable, que no puede ser corregida ni reparada [29]. Ahora Nagarjuna da su explicación de la vacuidad.

UNA NEGACIÓN SIMPLE

Nagarjuna continúa:

7. Lo que el lenguaje expresa es deshecho,
porque el objeto de la mente es deshecho.
No nacido y no cesado, como el nirvana:
esta es la talidad de las cosas.

Esto coincide con un versículo de *Los sesenta versos de razonamientos [Yuktishashtika]*, de Nagarjuna, en el que escribe:

Habiendo encontrado una ubicación, uno es atrapado
por la serpiente retorcida de las aflicciones.
Aquellos cuyas mentes no tienen ubicación
no son atrapados por esta [serpiente] [30].

La vacuidad tiene que ser comprendida como una negación categórica de la existencia intrínseca. Mientras quede algo que se pueda objetificar seguirá surgiendo el aferramiento a la existencia verdadera. El versículo: «Lo que el lenguaje expresa es deshecho» significa que la vacuidad —la cual no puede expresarse a través del lenguaje— está completamente libre de los ocho extremos —surgimiento y desintegración, aniquilación y permanencia, y demás—. La vacuidad no es como los otros fenómenos que podemos percibir; la entendemos y la conceptualizamos únicamente por medio de la negación.

Los budistas, en su taxonomía de la realidad, tienden a diferenciar entre los fenómenos que pueden ser conceptualizados en términos positivos y aquellos que pueden ser conceptualizados únicamente a través de la negación. Esta distinción se hace en función de cómo los percibimos o conceptualizamos. Dentro del grupo de fenómenos caracterizados por la negación, encontramos dos formas principales de negación. Una es la *negación implicativa*, la cual implica la existencia de alguna otra cosa en su lugar. Un ejemplo sería la negación en la frase: «Esa madre no tiene hijo», lo cual implica la existencia de una hija. El otro tipo de negación es la *negación no implicativa*, que es una negación simple que no implica ninguna otra cosa, como en la declaración negativa: «Los monjes budistas no beben alcohol».

En el lenguaje corriente hacemos uso de estos conceptos. Por ejemplo, cuando hablamos de la ausencia de algo podemos decir: «No está ahí, pero...». Estamos negando algo pero sugerimos la posibilidad de alternativas. Por otra parte, si decimos: «No, no está ahí», esto es una negación simple y categórica que no sugiere que haya algo más a lo que agarrarse.

La vacuidad es una negación no implicativa. Es una negación simple y decisiva que no deja nada a lo que aferrarse. La idea de que la vacuidad tiene que ser comprendida como una negación no implicativa es un punto crucial que se enfatiza frecuentemente en las obras de los grandes maestros indios del Madhyamaka, como Nagarjuna y aquellos que escribieron comentarios sobre sus obras: Bhavaviveka, Buddhapalita y Chandrakirti. Bhavaviveka objetó acerca de la interpretación de Buddhapalita del primer versículo del primer capítulo en *Versos sobre los fundamentos del Camino Medio*, de Nagarjuna:

Ni de sí mismo ni de otro,

ni de ambos, ni sin causa,

surge cosa alguna

en alguna parte [31].

En este versículo Nagarjuna hace una crítica acerca de la perspectiva esencialista sobre cómo llegan a ser las cosas. Nagarjuna analiza la noción del surgimiento en términos de si algo surge de sí mismo, de algo diferente a sí mismo, de sí mismo y algo diferente a la vez, o de ninguno de los dos. Nagarjuna niega cada una de las cuatro alternativas, lo cual considera exhaustivo, si la noción de surgimiento, en el sentido esencial, fuera sostenible. Su negación de los cuatro tipos de originación es el fundamento sobre el cual desarrolla el resto de su tratado.

En su comentario a estas palabras, Bhavaviveka (*ca.* 500-570) criticó a Buddhapalita (*ca.* 470-530) por su forma de argumentar en contra del «surgir de sí mismo». Buddhapalita razonó que si las cosas surgieran de sí mismas, entonces el «surgimiento de las cosas no tendría sentido» y «las cosas surgirían interminablemente». Bhavaviveka manifestó que este argumento no era aceptable para un madhyamika, ya que cuando se invierte el argumento, lo que queda implícito es que el «surgimiento tiene un sentido» y que el «surgimiento es finito». En otras palabras, implica la existencia de algún tipo de surgimiento, lo cual contradice uno de los principios centrales de la escuela Madhyamaka, el de que todas las proposiciones en el proceso de analizar la vacuidad tienen que ser negaciones no implicativas. La vacuidad se define como la ausencia de toda elaboración conceptual y, por tanto, la negación total y categórica no debe dejar el más mínimo rastro de algo concebible.

Una vez que comprendas la vacuidad como una negación no implicativa y cultives tu comprensión sobre ello, con el tiempo tu conocimiento de la vacuidad se volverá tan profundo que el lenguaje y los conceptos no alcanzarán a expresarlo. Por ello, en el versículo 7, Nagarjuna escribió: «Lo que el lenguaje expresa es deshecho», etcétera. En el siguiente versículo escribe:

8. Todo es real y no real,
   real y no real a la vez,
   ni real ni no real:
   esta es la enseñanza de Buda.

Esto nos recuerda el punto del versículo 6. Cuando el Buda enseñó la verdad profunda del dharma, lo hizo adaptando sus enseñanzas a las capacidades mentales de sus discípulos. Para los principiantes enseñó desde la perspectiva de que las cosas existen tal como aparecen en la mente. Luego enseñó que todas las cosas son transitorias, que están sujetas a la desintegración instante tras instante. Finalmente enseñó que existe una discrepancia entre nuestra forma de percibir las cosas y la forma de ser de las cosas en realidad. Dice Nagarjuna que el Buda guió a los estudiantes a través de niveles progresivamente más sutiles de comprensión.

CONTRARRESTAR EL MALENTENDIDO

Del versículo 9 en adelante, Nagarjuna expone las formas de contrarrestar los malentendidos acerca de la talidad o la verdad absoluta.

9. Imposible de conocer a través de otro, pacífico,
   no fabricado por elaboraciones mentales,
   carente de conceptualización y no diferenciado:
   estas son las características de la talidad.

Este versiculo presenta lo que se conoce como las cinco características principales de la verdad absoluta. Básicamente afirma que la talidad está más allá del alcance del lenguaje o el pensamiento. A diferencia de los objetos corrientes —sobre los cuales podemos distinguir, por ejemplo, entre la cosa en sí y sus propiedades—, la vacuidad está libre de tales diferenciaciones; es la mera negación de la existencia intrínseca. Existe como un solo sabor. Esto no quiere decir que la talidad de todos los fenómenos exista como una sola cosa. A pesar de que cada fenómeno individual tiene talidad, eso solo significa que todos los fenómenos comparten estar vacíos de una existencia intrínseca, su naturaleza. Ese es el significado de este versículo.

En el siguiente podemos leer:

10. Todo lo que surge en dependencia de otra cosa
    no es idéntico a esa cosa.
    Dado que tampoco es diferente a esa cosa,
    ni es inexistente ni permanente.

Este versículo alude al principio de la originación interdependiente que mencionamos con anterioridad. Por una parte, la *interdependencia* en la originación interdependiente hace referencia a cómo los efectos dependen de sus causas. La causalidad tiene dos elementos: causa y efecto, y Nagarjuna aquí está analizando la forma en la que estos dos están conectados mutuamente. Por ejemplo, ¿cuál es la relación entre una semilla y su brote? Nagarjuna está declarando que un efecto no puede ser idéntico a su causa, porque, de ser ese el caso, la noción de causalidad sería absurda. El efecto tampoco puede ser intrínsecamente independiente de la causa, porque, de ser así, no podríamos explicar la relación obvia entre causa y efecto, entre una semilla y su brote.

Debido a que una causa y su efecto no son iguales, cuando el efecto aparece, la causa deja de existir. El brote y la semilla de la cual surge no existen simultáneamente. Por tanto, ni la causa ni el efecto son permanentes. Pero la causa tampoco es aniquilada por completo cuando surge el efecto; por tanto, no es inexistente.

Por eso Nagarjuna concluye afirmando: «Ni es inexistente ni permanente».

En el siguiente versículo podemos leer:

11. Por los budas, salvadores del mundo,
    esta verdad inmortal ha sido enseñada:
    no es uno, no está diferenciado,
    no es inexistente y no es permanente.

Este versículo nos advierte que debemos estar completamente libres de todas las elaboraciones conceptuales y también de todos los extremos.

Hasta aquí, y en especial en el versículo 5, Nagarjuna ha estado subrayando uno de sus puntos clave: la necesidad de cultivar el conocimiento de la vacuidad para poder lograr la liberación de la existencia cíclica. Esto está en consonancia con su enfoque en la obra *Los sesenta versos de razonamientos*, en la que Nagarjuna comenta que conocer solo la ausencia de la identidad a un nivel burdo no es suficiente; también tenemos que conocer la ausencia de identidad de los fenómenos. En el siguiente versículo Nagarjuna dirige el mismo razonamiento a los *pratyekabudas*, aquellos que se iluminan por sí solos.

> 12. Cuando los plenamente despiertos no aparezcan
> e incluso los *shravakas* hayan desaparecido,
> la sabiduría de los que se iluminan por sí solos
> surgirá de forma plena sin necesidad de depender de otros.

De la misma forma que los discípulos (los *shravakas*) necesitan la sabiduría completa de la vacuidad para liberarse del samsara, los que se iluminan por sí solos (los *pratyekabudas*) también la necesitan. Sin el conocimiento completo de la vacuidad no hay liberación. Para los bodhisattvas del camino Mahayana, la sabiduría de la vacuidad también es su práctica principal, es la fuerza vital de su práctica, aunque eso por sí solo no es suficiente. Se dice que esto se debe a que en el camino Mahayana la iluminación completa se logra por medio de la unión de la *sabiduría* que conoce la vacuidad con el aspecto del *método*, con el que se acumula mérito y se genera bodhichitta, la mente altruista del despertar. Por esto a veces a la vacuidad, en el contexto del Mahayana, se la llama *vacuidad dotada de todas las cualidades iluminadas.* Esta forma de entender el camino se encuentra también en los tantras. El texto de Nagarjuna explica las enseñanzas desde la perspectiva del sutra o del vehículo de las perfecciones. Pero dado que esto es una introducción al budismo tal como se desarrolló en el Tíbet, donde también se enseñaron las enseñanzas Vajrayana, también haré referencia a la perspectiva Vajrayana, la visión del budismo tántrico. De acuerdo con el tantra del yoga supremo, no basta con establecer la vacuidad libre de elaboraciones conceptuales tales como los ocho extremos. Nuestro conocimiento tiene que ser cultivado al nivel más sutil de la consciencia —al nivel de la mente innata—. *Mente innata* significa aquí la consciencia extremadamente sutil que continúa como un continuo de una vida a la siguiente. Al nivel de la mente innata nuestra consciencia está completamente libre de toda elaboración conceptual o estímulo sensorial. Cuando la sabiduría de la vacuidad se cultiva a este nivel, el practicante progresa rápidamente en el camino.

En *La alabanza al dharmadatu,* Nagarjuna comienza: «Rindo homenaje a la expansión absoluta *(dharmadhatu)*». Esta expansión absoluta se puede entender en términos de la «sabiduría subjetiva», y su significado completo se encuentra en los tantras del yoga supremo, como el *Tantra de Guhyasamaja.* Aquí se explica que la *sabiduría* subjetiva significa que solo cuando la consciencia extremadamente sutil —la mente innata— percibe la vacuidad, se hace posible calmar las elaboraciones mentales.

Jamyang Shepa (1648-1721), en la sección final de su obra principal sobre los principios filosóficos, en la que identifica la característica especial de las enseñanzas Vajrayana, explica que, aunque las enseñanzas en el sutra explican el objeto supremo (la vacuidad), el sujeto supremo —la sabiduría de la mente innata— permanece oculto y, por tanto, debe encontrarse en el Vajrayana. De forma parecida, afirma que, aunque los sutras describen los principales antídotos del camino, el antídoto más elevado permanece oculto [32]. Este es el antídoto que elimina los obscurecimientos sutiles al conocimiento, aquellos que nos impiden la iluminación completa. Lo que indica esto es que para lograr la iluminación completa no basta con cultivar la sabiduría de la vacuidad y practicar las seis perfecciones al nivel de la mente burda ordinaria. La comprensión especialmente profunda de la vacuidad también tiene que cultivarse en el nivel más sutil de la consciencia, la mente innata. Los enfoques de la Gran Perfección *(Dzogchen)*, del Gran Sello *(Mahamudra)* y de la sabiduría espontánea de la unión de gozo y vacuidad, todos trabajan a este nivel.

LAS AFLICCIONES Y SUS HUELLAS

Hay dos aspectos importantes acerca de las aflicciones que debemos tener presentes. En primer lugar, en general, todas las aflicciones mentales —las aflicciones de pensamiento y emoción— son distorsiones; no reflejan la verdadera forma de ser de las cosas. Debido a su naturaleza distorsionada, existen antídotos poderosos para ayudar a erradicarlas. En segundo lugar, la naturaleza esencial de la mente es luminosa, es luz clara. Cuando combinamos estas dos premisas —la naturaleza contaminada de las aflicciones y la naturaleza de luz clara de la mente—, podemos empezar a vislumbrar la posibilidad de erradicar estos contaminantes de nuestra mente; podemos concebir ser libres de la existencia cíclica.

Necesitamos aplicar este mismo razonamiento a la *predisposición* que tenemos hacia estas aflicciones, las huellas que se quedan en nuestro continuo mental debido a estas aflicciones. Estas huellas son a lo que se hace referencia específicamente cuando se habla de *obscurecimientos sutiles*, u *obscurecimientos al conocimiento*. Al igual que es posible eliminar las aflicciones, la predisposición a ellas también se puede eliminar; no son la naturaleza esencial de la mente. Tener conocimiento de esto nos permite vislumbrar no solo nuestra liberación del samsara, sino también la posibilidad de la iluminación completa, o la budeidad, la cual está completamente libre de las aflicciones y de sus huellas.

Las aflicciones se pueden erradicar cultivando una comprensión profunda de la vacuidad, lo cual confronta directamente la forma de percibir de la ignorancia y el aferramiento, pero en cuanto a erradicar sus huellas, no basta con usar únicamente este enfoque. Dentro de los obscurecimientos sutiles existe uno que nos impide tener una experiencia simultánea de las dos verdades: la verdad convencional y la verdad absoluta. Tenemos una tendencia a percibir equivocadamente que las dos verdades tienen diferentes naturalezas. Hasta que ese obscurecimiento sea superado, nuestro conocimiento de la vacuidad se verá interrumpido por los llamados *conocimientos subsiguientes,* conocimientos positivos que están relacionados con la verdad convencional, como la causalidad kármica y las cuatro nobles verdades. Cuando surgen los conocimientos subsiguientes, el equilibrio meditativo en la vacuidad cesa, y viceversa.

La única forma de tener la experiencia del equilibrio meditativo profundo y los conocimientos subsiguientes de forma simultánea, y de superar la percepción de que las dos verdades son esencialmente diferentes, es tener ese conocimiento de la vacuidad en el nivel más sutil de la conciencia. Lo que se requiere es la unión del significado absoluto, la vacuidad, con la mente absoluta, la mente innata de luz clara. Cuando esto sucede, las apariencias y la vacuidad ya no se perciben separadas, y los obscurecimientos sutiles son superados.

CAPÍTULO 4

ESTABLECIENDO LA VERDAD CONVENCIONAL

El vigesimocuarto capítulo del tratado de Nagarjuna, «El análisis de las cuatro nobles verdades», es especialmente importante. En los capítulos anteriores Nagarjuna presenta una serie de argumentos relacionados, cada uno de ellos con la intención de demoler el aferramiento a cualquier forma de existencia intrínseca. Al nivel de la percepción corriente los fenómenos son múltiples, pero al nivel absoluto se descubre que todos carecen de una existencia intrínseca. Este argumento acerca de la ausencia de existencia intrínseca de todos los fenómenos puede llevar a todo tipo de dudas en la mente. El capítulo 24 alude directamente a estas dudas.

PRESENTACIÓN DE LAS OBJECIONES

Algunos individuos, al carecer de afinidad por las enseñanzas de la vacuidad, interpretan que la ausencia de existencia inherente implica la nada. Incluso el gran pensador budista Asanga (*ca*. siglo IV) criticó en uno de sus textos a los filósofos Madhyamaka de ser nihilistas. En *El compendio del Gran Vehículo [Mahayanasamgraha]* dijo que algunos que proclamaban ser mahayanistas no comprendían los sutras de la Perfección de la Sabiduría y que menospreciaban la realidad al afirmar que todos los fenómenos carecen de una existencia inherente. Obviamente, Asanga, conocido por haber logrado el tercer nivel de los bodhisattvas, había alcanzado la comprensión de la vacuidad del Madhyamaka. Pero en su papel histórico como fundador de la escuela Solo Mente, criticó a los seguidores del Madhyamaka por su tendencia nihilista.

Hay otros que, aun mostrándose admiradores de las enseñanzas de la vacuidad y la filosofía Madhyamaka, comprenden equivocadamente las enseñanzas sobre la vacuidad de forma nihilista. Estas personas pueden tender a decir cosas como: «Oh, nada importa, porque al final todo está vacío». Hablando así te arriesgas a menospreciar la validez del mundo convencional y la ley de causa y efecto.

Dado el peligro de tal malentendido, Nagarjuna, de forma intencionada, comenta las posibles objeciones a su enseñanza sobre la vacuidad y las refuta una a una. La objeción principal, en esencia, es la siguiente: «En los capítulos anteriores negaste la existencia intrínseca de todos los fenómenos desde la perspectiva de su causalidad, de su producción de efectos, de su naturaleza propia, de las características que los definen y demás. Si estás en lo cierto al afirmar que nada existe de forma inherente en términos de su naturaleza y de sus causas, entonces, en el análisis final, nada existe en absoluto, y por tanto no hay fruto del camino. La enseñanza de la vacuidad es meramente nihilismo». Esta es la objeción principal que Nagarjuna comenta y a la que responde en este capítulo. Por ello el capítulo 24 es posiblemente el más importante de *Versos sobre los fundamentos del Camino Medio*, de Nagarjuna.

En los primeros seis versículos, Nagarjuna expone las objeciones principales a la enseñanza de la vacuidad:

1. Si todo esto es vacío,
   sin nada que surja ni se desintegre,
   entonces tu conclusión es que
   las cuatro nobles verdades no existen.

2. Si las cuatro nobles verdades no existen,
   entonces el conocimiento, el abandono,
   el cultivo y la realización
   son [todos] insostenibles.

3. Si estas cosas no existen,
   los cuatro frutos tampoco existen.
   Sin los cuatro frutos tampoco existe el que logra los frutos,
   y tampoco los que entran en [los caminos].

4. Si estos ocho tipos de personas no existen [33],
   la comunidad espiritual no existiría;
   y si las nobles verdades no existen,
   el dharma sublime tampoco existiría.

5. Si el dharma y la comunidad espiritual no existen,
   ¿cómo puede existir un buda?
   Por tanto, si hablas de la vacuidad,
   esto menoscaba las Tres Joyas.

6. Lo menoscaba todo
—la existencia de frutos,
[la distinción entre] acciones morales y amorales—
[en resumen], todas las convenciones del mundo.

Estos versículos reclaman que si nada posee una existencia intrínseca, entonces nada existe realmente. Si la vacuidad de la existencia inherente significase la nada o la no existencia, entonces claro que nada sería sostenible y ninguna presentación de sistema alguno podría ser defendida.

Nagarjuna responde a los versículos anteriores con lo siguiente:

7. Tú, que hablas en estos términos,
no has logrado entender el propósito de la vacuidad,
la vacuidad misma y el significado de la vacuidad.
Por tanto, te hace daño.

Todas estas objeciones a la vacuidad surgen cuando uno no alcanza a entender la vacuidad plenamente: su propósito, su naturaleza y su significado.

El propósito de la vacuidad se presentó en el versículo 5 del capítulo 18, en el que Nagarjuna dice: «El karma y las aflicciones surgen de las conceptualizaciones; / éstas, a su vez, surgen de las elaboraciones». Aquí *elaboraciones* significa la ignorancia fundamental, el primer vínculo en la cadena de la originación interdependiente. Dado que la ignorancia o la elaboración es la raíz misma de nuestro estado samsárico, es solamente a través de la meditación sobre la vacuidad libre de elaboraciones como podremos encontrar nuestro camino a la liberación.

Cuando Nagarjuna dice: «Obscurecidos por la ignorancia y con el objetivo de renacer», en el primer versículo del capítulo 26, la *ignorancia* para él no es un desconocimiento pasivo. La ignorancia es un conocimiento *errado*, una inteligencia activa y afligida. Tales estados mentales, aun siendo falsos, traen con ellos un grado de certeza que parece surgir de las profundidades de nuestro pensamiento. Por tanto, para contrarrestarlos, tenemos que aplicar antídotos que también hagan surgir una certeza poderosa; no existe otra forma de contrarrestarlos de forma eficaz. La comprensión profunda de la vacuidad se opone directamente a esa mente aferradora y, por tanto, hace posible la liberación.

Así que el verdadero propósito del conocimiento de la vacuidad no es simplemente aumentar nuestro conocimiento, sino liberarnos de la existencia cíclica. Nadie desea sufrir, y, por consiguiente, tenemos que eliminar sus causas. El recitar oraciones no nos permitirá eliminar el sufrimiento, ni siquiera podremos eliminarlo quitándonos la vida. Para disipar la causa raíz del sufrimiento, el engaño de aferrarse a la verdadera existencia de las cosas, necesitamos lograr una comprensión profunda de la vacuidad. No existe ninguna otra forma de hacerlo sino a través de la comprensión profunda de la vacuidad.

Cuando observamos nuestras emociones y pensamientos afligidos, podemos ver, por un lado, las emociones como el apego, la aversión y el orgullo. Son impulsivas e instintivas. Con ellas puede que surja algo de reflexión, pero en su mayor parte son espontáneas y no requieren de proceso de razonamiento alguno. Por otro lado, en los textos encontramos otra clase de aflicción llamada «inteligencia afligida», la cual incluye el aferramiento a la existencia intrínseca, como se mencionó anteriormente. No son como las emociones instintivas, sino más bien pensamientos que tienden a reforzar nuestra visión falsa.

Por tanto, las aflicciones están divididas en estados afectivos impulsivos e instintivos, como el apego, y engaños cognitivos, como la ignorancia. Cada una requiere de antídotos diferentes. Por ejemplo, entre los antídotos al apego podemos encontrar las meditaciones sobre la impureza de un objeto en particular; para contrarrestar el odio intenso podemos cultivar la bondad amorosa. Pero este tipo de antídotos no puede erradicar completamente las aflicciones; solo puede reducirlas. Además, tal como indica Chandrakirti en su comentario a los versos de Nagarjuna, meditar sobre el amor para contrarrestar el odio puede, inadvertidamente, inducir el apego al objeto, porque estás aumentando tu sentido de conexión, empatía e intimidad hacia él. De forma parecida, cuando contrarrestas el apego reflexionando sobre los defectos del objeto elegido, inadvertidamente puedes desarrollar una cierta forma de aversión al objeto. Por ejemplo, meditar acerca de la impureza del cuerpo humano es un antídoto a la lujuria, pero profundizar en esta meditación podría aumentar tu aversión hacia otros seres. El antídoto a la ignorancia —el conocimiento de la vacuidad— no tiene estos efectos secundarios. La sabiduría de la vacuidad no solo contrarresta el aferramiento a la existencia inherente, también puede contrarrestar y erradicar todas las otras formas de aflicciones. Esto es debido a que la confusión acerca de la existencia intrínseca está presente en la raíz de todas las aflicciones.

Los madhyamikas prasangikas conciben las aflicciones de una forma más amplia que los budistas en general. El hecho de que aflicciones tales como el apego y la aversión tengan niveles sutiles y burdos es una comprensión profunda a la que llegó Tsongkhapa a través de un largo proceso de análisis. Tsongkhapa distingue entre las aflicciones presentadas en el sistema del Abhidharma, por un lado, también aceptadas por todas las escuelas budistas, y por el otro, un nivel más sutil de aflicciones, que solo identifica el sistema Madhyamaka Prasangika[34]. A continuación explicaré cómo interpreto yo esta distinción, grosso modo.

La comprensión generalizada acerca de las aflicciones es que se enfocan sobre objetos concretos y que alteran la mente de formas específicas. Por ejemplo, el apego exagera las cualidades atractivas del objeto deseado, y la aversión exagera las cualidades negativas. Sin embargo, en el sistema Prasangika las aflicciones incluyen, en su forma de percibir, un elemento de aferramiento a la existencia intrínseca. Cuando hablamos del apego, la aversión, el orgullo o algún otro estado mental, lo que los hace aflicciones no son sus características distintivas, sino este denominador común, el aferramiento a la existencia de la identidad al percibir a su objeto.

Dado que el gran número de estados mentales que se aferran a sus objetos como intrínsecamente reales no se limita a las aflicciones enumeradas en los textos del Abhidharma, la definición de aflicción en el Madhyamaka Prasangika es mucho más amplia que la definición común. Por ello los prasangikas conciben como aflicciones muchos estados mentales que las otras escuelas budistas, incluida hasta la Madhyamaka Svatantrika, no contemplan. ¿Significa esto que para los prasangikas todas las aflicciones son simplemente diferentes formas de ignorancia, el engaño de aferrarse a la existencia verdadera? Tsongkhapa hace la distinción entre el engaño del aferramiento a la existencia verdadera en sí, por una parte, y los estados mentales, como el apego y la aversión, que simplemente poseen un elemento de aferramiento a la existencia verdadera, por la otra. El primero se aferra a la verdadera existencia no por el poder de algún factor acompañante, sino por su propio poder. En cambio los otros estados mentales afligidos se aferran a la existencia verdadera, no por su propio poder, sino por el poder de un factor acompañante. Incluyen el aferramiento a la existencia verdadera, pero se les identifica principalmente por otras características.

En resumen, el nivel burdo de aflicciones surge cuando el engaño se aferra a la existencia verdadera, la causa, y el nivel sutil de las aflicciones surge cuando un estado mental se vincula al engaño que se aferra a la existencia verdadera. El propósito de la vacuidad es generar el antídoto al engaño que se aferra a la existencia verdadera de las cosas. Dado que todas las aflicciones, las burdas y las sutiles, son generadas desde este engaño, el antídoto a todas las aflicciones es rebatir directamente la perspectiva de la cual surge este aferramiento.

Habiendo visto el propósito de la vacuidad, ahora examinaremos su naturaleza. Lo que yace tras el malentendido de confundir la vacuidad con la nada es la incapacidad de reconocer que el lenguaje y los conceptos por sí mismos no pueden abarcar la vacuidad de forma acertada. Si no nos alejamos del mundo de los conceptos, es lógico que consideremos que la vacuidad es un concepto más. Si estamos limitados por esta perspectiva, es fácil pasarse de la visión correcta de que «todo es vacío» a la visión errónea de que «nada existe». El error surge al identificar la ausencia de existencia intrínseca de un objeto —su naturaleza absoluta— y hacer de esa naturaleza absoluta un objeto por derecho propio. El razonamiento es este: si la naturaleza absoluta de todo es una ausencia, entonces se entiende que nada existe. Pero la vacuidad difiere del objeto que está vacío solo a un nivel conceptual y no en realidad. Por este motivo, la vacuidad es algo cuya verdadera naturaleza solo puede ser experimentada personalmente y para uno mismo. No puede ser transmitida de forma plena a otra persona por medio del lenguaje o los conceptos.

Por tanto, cuando hablamos de la vacuidad, no pienses que es cierta entidad absoluta que existe ahí fuera por sí sola. Cuando hablamos de ello estamos hablando de la forma absoluta de ser de las cosas, la forma absoluta de existir de los fenómenos. Esta forma absoluta de ser solo tiene coherencia en relación con los fenómenos individuales. Es un error pensar en la vacuidad como un absoluto, independiente de los diferentes fenómenos a los cuales caracteriza. El entender la vacuidad de esta forma nos lleva al error de confundirlo con la nada.

Habiendo explicado el propósito de la vacuidad y su naturaleza, el tercer punto comentado por Nagarjuna es que tales objeciones surgen porque malentendemos el *significa-*

do de la vacuidad. Para explicar el significado correcto de la vacuidad Nagarjuna hace referencia a un pasaje del sutra titulado *Preguntas del rey de los nagas Anavatapta,* en el que el Buda explica: «Aquello que surge en dependencia de otro es no nacido» [35]. Está afirmando que las cosas y los eventos no pueden poseer una originación intrínseca porque, dado que son fenómenos, se originan en dependencia de otros factores. Son «no nacidos» en el sentido de que no surgen de forma autónoma. Lo que está sugiriendo es que la vacuidad tiene que ser comprendida en términos de la originación interdependiente. Algo poseedor de una naturaleza inherente, por definición, está contenido por sí mismo y es independiente, y por tanto no puede estar sujeto a la dependencia. La existencia intrínseca y la naturaleza dependiente son mutuamente excluyentes. Por eso cualquier cosa que llega a existir dependiendo de otros factores tiene que carecer de existencia intrínseca.

Los textos Madhyamaka hacen uso de muchos tipos de razonamientos para establecer la negación de la existencia inherente. El razonamiento de la ausencia de identidad y diferencia, por ejemplo, debilita la creencia en la existencia intrínseca por medio de analizar si dos fenómenos relacionados son iguales o no; el razonamiento de la «astilla de diamante» niega las cuatro posibilidades de la originación; y hay más. Aun así, todos estos razonamientos, en última instancia, tienen que converger en la originación interdependiente, porque, en última instancia, la prueba absoluta de la vacuidad es la originación interdependiente.

El significado de la vacuidad es la originación interdependiente.

DESIGNACIÓN DEPENDIENTE

En la sección anterior expliqué cómo el significado de la originación interdependiente se puede entender como la dependencia de los efectos sobre sus causas: si las cosas existieran intrínsecamente, entonces las causas y sus efectos existirían de forma aislada las unas de los otros, llevándonos a concluir absurdamente que los efectos no requieren de causas para poder surgir. Sin embargo, desde el punto de vista de Nagarjuna, el significado de originación interdependiente tiene que ser profundizado aún más y tiene que entenderse no solo como la dependencia causal, sino también como *designación dependiente*, noción de que la identidad de una cosa solo puede ser concebida en dependencia de otros factores y no por sí misma.

Por ejemplo, todos los fenómenos que concebimos, tanto los condicionados como los no condicionados, pueden ser entendidos en relación con el concepto de un total y sus partes: lo constituido y sus elementos constituyentes. Todo lo que está constituido tiene elementos constituyentes, y existe una dependencia mutua entre las partes y el total. Es únicamente en relación con tales formas de dependencia como podemos concebir las identidades de todos los fenómenos. Esto es un tipo de designación dependiente.

Sin embargo, Nagarjuna lo lleva a un nivel de sutileza incluso más profundo. Los fenómenos no dependen únicamente de sus partes constituyentes; si analizamos las partes, no seremos capaces de encontrar cosa alguna que podamos identificar y decir: «Aquí está lo real, la característica que lo define». Las cosas se identifican como lo que son únicamente en función de sus *bases designativas*. Así que la designación dependiente significa que las cosas existen porque son etiquetadas por medio de un criterio adecuado o a través de convenciones cotidianas. En otras palabras, dependen de la designación de la mente que las concibe, porque todos los fenómenos, en última instancia, son etiquetas conceptuales aplicadas sobre conjuntos de ciertas características. Su identidad no puede separarse de la mente conceptual que las etiqueta.

Algunos maestros Madhyamaka, aunque aceptan que los fenómenos existen en virtud de ser designados de acuerdo con la forma en la que aparecen en la mente, al mismo tiempo aceptan la noción de una naturaleza que los define por sí mismos a nivel convencional. En su mayor parte aceptan la designación dependiente, pero si analizamos su punto de vista cuidadosamente, encontraremos una suposición residual de algo que *puede* ser percibido por la mente, una pizca de existencia objetiva. Los maestros de la filosofía Madhyamaka, que rechazan la noción de que exista una característica del objeto que lo autodefina, incluso a nivel convencional, presentan esta objeción: «Si esto fuese verdad, podríamos simplemente apuntar a la cosa en sí y decir: *esto es*. Pero no podemos hacerlo. Las cosas pueden parecer poseer una realidad objetiva, pero esto es una mera proyección; esta realidad no se puede encontrar por medio del análisis y, por tanto, no tiene ninguna base, ni siquiera convencionalmente». Con esta disparidad de puntos de vista surgieron diferentes opiniones, incluidas estas: que la existencia verdadera —la cual es el objeto de negación— aparece ante las percepciones sensoriales; y por otro lado, que existe un sujeto común, mutuamente verificado.

En cualquier caso, de acuerdo con Nagarjuna, cuando vamos en busca de la esencia de algo, no hay nada por parte del objeto que pueda hacer frente al análisis crítico y ser identificado como la cosa en sí. Cualquier cosa que analicemos revelará su naturaleza altamente dependiente. Nada puede permanecer en pie como una entidad absoluta, única e independiente. Solo hay dos formas de entender la existencia o el estatus ontológico de las cosas: como poseedores de una realidad objetiva, independiente e intrínseca, o como designaciones dependientes. No hay más alternativas. Dado que la existencia objetiva de las cosas es insostenible, la única opción que queda es la existencia o la realidad nominal. No es solo que las cosas no se pueden encontrar cuando se buscan de forma analítica; las cosas existen en términos de designación dependiente. Además, esta existencia que depende de la designación solo se puede proponer en un marco relativo. Ninguna cosa posee un estatus independiente.

Si nuestra comprensión de la vacuidad surge de la originación interdependiente, el término en sí niega la visión equivocada de que la vacuidad es la nada. Por esto el maestro Tsongkhapa, en su *Alabanza a la originación interdependiente*, escribe:

> «Es por medio del razonamiento de la originación interdependiente
> como uno no se desvía hacia un extremo».
> Que haya declarado esto excelentemente es la razón,
> oh, Salvador, por la que es un orador insuperable [36].

Tal como indica Tsongkhapa aquí, simplemente usar el término *originación interdependiente* tiene el poder de disipar los extremos tanto del absolutismo como del nihilismo. Esto es debido a que el término *interdependiente* disipa el absolutismo al revelar la naturaleza dependiente de todas las cosas, y el término *originación* disipa el extremo del nihilismo, porque no está haciendo referencia a la nada, sino a algo que llega a existir. Todas estas preguntas acerca de la vacuidad como forma de nihilismo surgen únicamente cuando uno no logra comprender la vacuidad en términos de originación interdependiente. Tal como declara Nagarjuna en el versículo 7, las personas que objetan diciendo que la vacuidad es una forma de nihilismo no han alcanzado a apreciar el propósito de la vacuidad, no han entendido correctamente la naturaleza de la vacuidad y no han comprendido su significado.

DISTINGUIENDO CORRECTAMENTE

Ahora surge la siguiente pregunta: si nada posee una existencia inherente, ¿por qué nos sugiere nuestra experiencia cotidiana que las cosas poseen algún tipo de realidad objetiva? Tocamos, sentimos y vemos cosas. Cuando entramos en contacto con ciertas cosas sentimos dolor, y otras cosas nos aportan sensaciones placenteras. Es normal relacionarnos con el mundo y sus contenidos como si tuviesen algún tipo de naturaleza objetiva e intrínseca. Para los realistas, lo tangible de los objetos, la nitidez de la experiencia, es la prueba más elevada de que las cosas deben poseer una realidad intrínseca.

En respuesta a esta pregunta, Nagarjuna responde que es cierto: al nivel de las apariencias sí experimentamos fenómenos diversos y solemos percibir las cosas y los eventos como poseedores de una realidad intrínseca. Él no niega la realidad tangible de nuestras experiencias convencionales. Pero eso no es lo mismo que su realidad subyacente. Hay una discrepancia entre nuestras percepciones y la realidad. Aquí es donde Nagarjuna presenta las dos verdades, la convencional y la absoluta.

8. La enseñanza del dharma del Buda
se basa completamente en las dos verdades:
la verdad de las convenciones mundanas
y la verdad absoluta.

9. Aquellos que no entienden
la diferencia entre las dos verdades
no entienden
la enseñanza profunda del Buda.

10. Sin el conocimiento de la verdad convencional
la verdad de lo absoluto no puede ser enseñada;
si no se comprende la verdad absoluta,
el nirvana no será alcanzado.

En el mundo de la verdad convencional —el mundo de las fabricaciones conceptuales— se hace una distinción entre las convenciones reales y las no reales. A pesar de que nada existe que no sea designado por la mente, esto no significa que todo lo que la mente proponga exista. En otras palabras, que podamos imaginar algo con nuestra mente no significa que sea real. Este punto es extremadamente importante. Tenemos que poder distinguir entre lo que es real y lo que no lo es a nivel convencional.

¿Cómo podemos determinar algo así? Si algo que conocemos a nivel convencional es invalidado o contradicho por otra experiencia válida —ya sea una experiencia propia o de otra persona—, entonces no es real. Hay numerosas percepciones que se ven afectadas por distorsiones sensoriales —como la percepción de manchas flotantes en nuestro campo visual, causada por un desorden oftalmológico— que ni siquiera existen a un nivel convencional. De forma similar, podemos adoptar conceptos por medio de la especulación filosófica, o por otras formas de pensamiento absolutista, que pueden ser invalidados por un conocimiento convencional diferente. Y los axiomas adoptados a través de una investigación incompleta del estado ontológico de las cosas pueden ser invalidados a través del análisis absoluto.

Por tanto, en resumen, para que algo sea propuesto como existente a nivel convencional tiene que cumplir los siguientes criterios:

1. Tiene que ser común en las convenciones mundanas.
2. No puede ser invalidado por ningún conocimiento convencionalmente válido.
3. Tampoco puede ser invalidado por un análisis absoluto.

Esto puede parecer un poco confuso, pero lo podemos entender mejor si lo relacionamos con nuestra experiencia personal. Por ejemplo, a veces nos preguntan por algo que hemos visto, y podemos decir: «Sí, es verdad. Lo he visto. No solo lo vi: lo examiné cuidadosamente y me aseguré de que lo que pensé haber observado era correcto». Cuando vemos algo, lo examinamos cuidadosamente y tenemos la creencia de que es verdad, y luego una segunda persona viene y lo verifica; a esto se le puede llamar algo real en el sentido convencional. Por el contrario, puede que veamos algo que bajo mayor escrutinio resulta ser diferente a lo que en un principio creíamos. O puede que insistamos sobre algo aunque no lo hayamos examinado cuidadosamente, y luego llega una segunda persona que no lo puede verificar. Esto indica que nuestra percepción inicial no era verdad y que lo que vimos era irreal. Además, algunas afirmaciones hechas por filósofos pueden ser defendidas a un nivel convencional y luego ser invalidadas por una investigación de la verdad absoluta de las cosas. Por tanto, las cosas que se consideran verdad desde la perspectiva de las convenciones mundanas son aquellas que no pueden ser invalidadas por nuestro propio análisis posterior, por el conocimiento correcto de una segunda persona o por un análisis absoluto.

11. Al entender la vacuidad incorrectamente,
    una persona de poca inteligencia es destrozada,
    como cuando una serpiente es agarrada torpemente
    o un hechizo pronunciado incorrectamente.

12. Así que, sabiendo que es difícil
    penetrar la profundidad de esta enseñanza,
    el Buda consideró dejar
    de enseñar el dharma [profundo].

13. Has planteado objeciones falaces.
    Dado que no son relevantes a la vacuidad,
    tus [objeciones] del abandono
    de la vacuidad no me atañen.

A continuación, como resumen final, Nagarjuna escribe:

14. Para quien es sostenible la vacuidad
    todo es sostenible;
    para quien la vacuidad es insostenible
    todo se vuelve insostenible.

Con este razonamiento, y haciendo referencia a las objeciones de los realistas, Nagarjuna escribe:

15. Cuando lanzas sobre nosotros
    todos tus fallos propios,
    eres como un hombre que cabalga sobre su caballo
    ¡habiéndose olvidado de dónde está su caballo!

En el siguiente versículo Nagarjuna devuelve todas las objeciones que se han planteado en contra de la escuela Madhyamaka, dirigiéndolas a la mismísima postura de los budistas realistas:

16. Si ves la existencia de las cosas
    en términos de naturaleza intrínseca,
    las estás viendo
    como si careciesen de causas y condiciones.

17. Los efectos y sus causas:
agente, acción y objeto de la acción;
el surgimiento y la desintegración;
todo esto también lo desvaloras.

Una vez más, el mensaje es que la existencia inherente y la dependencia causal son mutuamente excluyentes. Si algo tiene una naturaleza inherente, en sí mismo ya está completo, sin depender de ningún proceso causal. Un proceso causal implica la susceptibilidad a verse afectado, pero cuando una cosa está totalmente contenida y completa por sí misma, no puede interactuar con otros fenómenos. Por tanto, Nagarjuna está diciendo que si insistes en la existencia intrínseca de las cosas estarás sosteniendo que las cosas no tienen causas y condiciones.

También está diciendo que estos conceptos son términos relativos y, por tanto, solo pueden ser entendidos coherentemente en un contexto relativo, con un punto de referencia específico. Por ejemplo, cuando decimos que algo es dañino o beneficioso, el punto de referencia es un ser para quien algo es beneficioso o dañino. De forma parecida, cuando hablamos de «acción», el punto de referencia es el agente que está llevando a cabo la acción. Cuando decimos «un agente», nos referimos a ello en relación a la acción que se lleva a cabo. Todas estas cosas solo pueden ser concebidas en un contexto relativo. Si sostuvieses su existencia inherente estarías rechazando causa y efecto, y la posibilidad de cambio, y ninguno de estos términos podría sostenerse coherentemente.

En el versículo 18, Nagarjuna reitera que el verdadero significado de la vacuidad es la originación interdependiente.

18. Todo lo que se origina interdependientemente:
se ha explicado que eso es la vacuidad.
Eso, al ser una designación dependiente,
en sí es el camino medio.

19. Aquello que no se origina dependientemente,
tal cosa no existe.
Por tanto, aquello que no está vacío,
tal cosa no existe.

Aquí la originación interdependiente no se entiende en términos de causas y efectos, sino en relación a la designación dependiente. Visto así, todos los fenómenos —tanto los condicionados como los no condicionados— se originan interdependientemente, y, por tanto, todos los fenómenos están vacíos. La originación interdependiente es, pues, el verdadero camino medio *(madhyamaka)* y es el mensaje esencial de las enseñanzas del Buda.

LOS FALLOS DE LA POSTURA ESENCIALISTA

Desde el versículo 20 en adelante, Nagarjuna refuta todas las objeciones a la visión Madhyamaka postuladas por los «esencialistas» —aquellos que creen en la existencia inherente— y plantea sus propias objeciones a la postura esencialista. En primer lugar, hasta el versículo 27, Nagarjuna demuestra que las enseñanzas de las cuatro nobles verdades no pueden ser sostenidas dentro de un sistema que incluye una creencia en la existencia inherente.

20. Si todo esto no está vacío,
    incluidas la originación y la desintegración,
    entonces tú concluirías que
    las cuatro nobles verdades no existen.

21. Si las cosas no son originaciones interdependientes,
    ¿cómo surge entonces el sufrimiento?
    Se ha enseñado que el sufrimiento es impermanente;
    ¿cómo puede llegar a existir desde su naturaleza intrínseca?

22. Si las cosas existen por naturaleza intrínseca,
    ¿cuál es entonces el origen del sufrimiento?
    Por tanto, para aquel que rechaza la vacuidad
    no existe el origen del sufrimiento.

23. Si el sufrimiento existiese inherentemente,
    no podría haber cesación.
    Dado que la naturaleza intrínseca permanecería,
    estarías desvalorando la verdadera cesación.

24. Si el camino poseyese una existencia intrínseca,
    cultivarlo se volvería imposible.
    Dado que el camino es obviamente cultivado,
    es imposible que tenga la naturaleza inherente de la que hablas.

25. Ahora, si el sufrimiento, su origen
    y la cesación son inexistentes,
    ¿con qué camino puede uno alcanzar
    el logro de la cesación del sufrimiento?

26. Si el no conocimiento existe,
    debido a su naturaleza intrínseca,
    ¿cómo puede surgir el conocimiento?
    ¿Acaso no permanecería la naturaleza intrínseca?

27. De forma similar, tal como ocurriría con el conocimiento,
    tu renuncia, realización,
    desarrollo y los cuatro frutos:
    estos se volverían insostenibles.

Hasta aquí Nagarjuna ha estado demostrando que las cuatro nobles verdades se vuelven insostenibles para alguien que se adhiere a la noción de la existencia inherente. Luego demostró que si las cuatro nobles verdades se vuelven insostenibles, los cuatro frutos —también llamados los cuatro logros—, las cuatro personas que logran estos frutos y las cuatro personas que entran en los caminos que llevan a los cuatro frutos, todo esto se volvería insostenible. Si es así, las Tres Joyas —la Sangha, el Dharma y el Buda— también se vuelven insostenibles. Por esto Nagarjuna escribe:

28. Para ti, que sostienes la naturaleza inherente,
    los frutos ya estarían realizados
    por su naturaleza intrínseca;
    ¿cómo podrían lograrse entonces?

29. Sin los frutos no habría nadie que lograse los frutos;
    tampoco existirían los que entran.
    Y si no existen los ocho tipos de personas,
    no existiría la comunidad espiritual.

30. Si las cuatro nobles verdades no existen,
    tampoco existiría el dharma sublime;
    si el dharma y la comunidad espiritual no existen,
    ¿cómo puede existir el Buda?

31. Tú concluirías que el Buda
    surgiría sin depender de la iluminación,
    y para ti la iluminación surgiría
    sin depender de un Buda.

32. Para ti, alguien que no está iluminado
    por su naturaleza intrínseca,
    incluso practicando el camino a la iluminación,
    no podría lograr la iluminación.

A continuación, Nagarjuna demuestra que si las cosas poseen existencia intrínseca, la distinción entre las acciones morales y amorales —en otras palabras, la distinción entre las acciones beneficiosas y dañinas— se vuelve insostenible. En resumen, establece que toda la ley moral del karma se derrumba si las cosas existen de forma intrínseca. Por ello escribe:

33. Nadie podría llevar a cabo
    acciones morales o amorales;
    si las cosas son no vacías, ¿qué podría hacer uno?
    En la naturaleza intrínseca no hay actividad.

34. Para ti tiene sentido que los efectos surjan
    sin [sus correspondientes] acciones morales o amorales.

Por tanto, para ti los efectos que surgen
de acciones morales y amorales no existen.

35. Si para ti los efectos que surgen de
acciones morales y amorales sí existen,
¿cómo pueden entonces no estar vacíos estos efectos
que surgen de acciones morales y amorales?

LO ÚNICO QUE TIENE SENTIDO ES LA VACUIDAD

Ahora Nagarjuna propone una objeción más general a la posición realista, demostrando que no es posible entender la experiencia en un mundo donde las cosas existen en virtud de una naturaleza intrínseca.

36. Aquel que rechaza esta vacuidad
de la originación interdependiente
también desvalora
todas las convenciones mundanas.

37. Porque si la vacuidad misma es rechazada,
ninguna función es posible;
habría acciones que no comenzarían
y habría agentes sin acción.

38. Si hubiese existencia intrínseca, el mundo entero
sería no surgido, no desintegrado,
y duraría toda la eternidad,
sin variaciones en su estado.

39. Si las cosas vacías no existen,

entonces el logro de lo que no ha sido logrado,

la cesación del sufrimiento, al igual que el karma

y la eliminación de las aflicciones, no existirían.

Si nos adherimos a la creencia en la existencia inherente, no podremos defender coherentemente ningún conocimiento convencional, nada en absoluto. Por ejemplo, si analizamos los conceptos que usamos en nuestra experiencia cotidiana, encontraremos que gran parte de ella se basa en recuerdos de cosas que ya han ocurrido. De forma parecida, muchos de los términos que usamos y los conceptos que los acompañan son construidos en función de un futuro que anticipamos. Así es como surge nuestra realidad convencional y los términos y el lenguaje que la definen, condicionados por los recuerdos del pasado y nuestra anticipación del futuro, compuesto de entidades y personas que existen y cambian con el tiempo.

Nagarjuna sostiene que si nuestra comprensión del mundo se construye en dependencia de los recuerdos y las expectativas, entonces, nuestra realidad no puede constituirse de entidades que existen de forma independiente e inherente. De ser así, el concepto de todas estas funciones y acciones que damos por hecho no tendría coherencia alguna. A continuación dice que, de forma parecida, en un mundo que existe por sí mismo, los seres nunca cambiarían con el tiempo y no sería posible logro espiritual alguno.

Para concluir, Nagarjuna resume diciendo que solo aquellos que entienden que el verdadero significado de la vacuidad es la originación interdependiente comprenderán la verdadera naturaleza del sufrimiento y, por tanto, serán capaces de defender coherentemente las enseñanzas de las cuatro nobles verdades: el sufrimiento, su origen, la cesación y el camino. Para resumir todos los puntos presentados anteriormente, Nagarjuna escribe:

40. Aquel que ve la originación interdependiente
ve [la verdad de] el sufrimiento,
su origen y cesación
y el camino [a la cesación].

Así que este es el capítulo 24, el capítulo sobre el análisis de las cuatro nobles verdades en los *Versos sobre los fundamentos del Camino Medio*, de Nagarjuna, y aquí concluye la primera parte de nuestra exploración.

A continuación, con la finalidad de explorar el método que permite poner estas enseñanzas en práctica, veremos otro texto de gran influencia.

Una exploración del texto de Tsongkhapa

Los tres aspectos principales del camino

CAPÍTULO 5

PRACTICANDO LO PROFUNDO

Lo que he presentado hasta este punto es la estructura general del camino budista, basándome en la explicación de los tres capítulos principales de *Versos sobre los fundamentos del Camino Medio,* de Nagarjuna. Ahora continuaremos con la segunda parte, en la que veremos cómo podemos reunir toda esta comprensión dentro de una estructura para la práctica del dharma. Explicaré cómo se hace esto basándome en el breve texto *Los tres aspectos principales del camino,* de Tsongkhapa. Los tres aspectos a los que se refiere Tsongkhapa en este texto son: la verdadera renuncia, la mente altruista del despertar *(bodhichitta)* y la visión correcta de la vacuidad.

UNA BASE FIRME

Volvamos brevemente al versículo que escribí en *Alabanza a los diecisiete maestros de Nalanda,* que ya hemos visto:

Mediante la comprensión de las dos verdades, la naturaleza de la base, estableceré cómo, a través de las cuatro verdades, entramos y salimos del samsara; asentaré firmemente la fe en las Tres Joyas, la cual surge del conocimiento.

Que yo sea bendecido para que la raíz del camino que libera se establezca firmemente dentro de mí.

Cuando desarrollemos una comprensión profunda de lo que significa el dharma, basada en una reflexión detallada de las enseñanzas sobre los doce vínculos y la visión de la vacuidad, tal como se presentó en los capítulos anteriores, estaremos sembrando la semilla de la liberación en nuestras mentes. Obviamente, comenzaremos con una comprensión intelectual obtenida a través del estudio, pero una vez que tengamos una comprensión intelectual de lo importante que es la vacuidad, empezaremos a intuir que existe la posibilidad de liberarnos de la existencia cíclica. La posibilidad del nirvana o la liberación y los métodos para lograrlo se vuelven algo más real para nosotros, más tangible.

Con este tipo de entendimiento conseguimos una comprensión más profunda de lo que significa el dharma; la verdadera cesación de las aflicciones. El camino que te lleva a ello también es llamado dharma. Una vez que tengamos una comprensión más detallada del significado de la Joya del Dharma, tendremos una comprensión más profunda del lo que significa la Sangha, la cual personifica el logro del dharma experimentado a diferentes niveles. Y una vez que tengamos ese tipo de comprensión, podremos vislumbrar la verdadera Joya del Buda, que representa la perfección del logro y del conocimiento del dharma. Así desarrollamos una fe profunda en las Tres Joyas, basada en una comprensión profunda de su naturaleza. De esta manera establecemos el cimiento del camino a la liberación.

Cuando tengamos una comprensión plena de la naturaleza de las Tres Joyas, enraizada en una comprensión detallada de las enseñanzas sobre las cuatro nobles verdades y basada en una comprensión de la vacuidad, habremos obtenido un reconocimiento profundo de la naturaleza no iluminada de nuestra existencia. Y, cuando a partir de esto, desarrollamos una profunda determinación y una aspiración genuina de liberarnos de esta ignorancia, estamos ante la *verdadera renuncia* y también ante una verdadera aspiración a la liberación.

Una vez que hayamos obtenido ese logro de la renuncia, redirijamos nuestra atención hacia los demás seres y reflexionemos sobre su condición de sufrimiento, esto nos llevará al logro de la gran compasión. A medida que cultivamos esa gran compasión más y más, esa gran compasión va adquiriendo una valentía y un sentido de responsabilidad tremendos. Llegados a ese punto, a nuestra gran compasión se la conoce como *compasión extraordinaria*, o *extraordinaria determinación altruista*. Cuando esa compasión se desarrolla aún más, culmina finalmente en la realización de la *bodhichitta*, la mente altruista del despertar, la cual está dotada de dos aspiraciones: la aspiración de lograr el bien de los demás y, con este fin, la aspiración de alcanzar la budeidad. Esta es la progresión con la cual logramos la bodhichitta genuina.

UN ENFOQUE SISTEMÁTICO

Te habrás dado cuenta de que la base fundamental de la bodhichitta —y obviamente de todos los logros de la budeidad— es la renuncia. Sin embargo, este logro de la renuncia solo puede surgir con un entrenamiento sistemático y gradual, por medio de prácticas graduales. La primera etapa consiste en cultivar una serie de métodos para reducir la excesiva preocupación por las cosas de esta vida. Una vez que has logrado eso, puedes cultivar las prácticas para superar la preocupación excesiva por las vidas futuras. Con esas prácticas poco a poco generas una aspiración genuina a liberarte de la existencia cíclica.

En los escritos de Asanga, maestro del siglo IV, aparecen diferentes términos para hacer referencia a los practicantes de los diferentes niveles: los practicantes de las etapas iniciales, etapas intermedias, etapas avanzadas y demás. Es a partir de estas distinciones entre los niveles de estudiantes hechas por Asanga como Atisha (982-1054), en su obra *La lámpara del camino hacia la iluminación [Bodhipathapradipa]*, presenta todos los elementos del camino budista dentro del marco de las prácticas de los tres niveles: el inicial, el intermedio y el avanzado.

El enfoque gradual de Atisha ha influido en cada una de las cuatro escuelas principales del budismo tibetano. En la tradición Nyingma, por ejemplo, Longchenpa (1308-1364), especialmente en su texto *La mente en paz*, presenta la estructura básica del camino en un orden sistemático, en lo que se llama «alejar la mente de las cuatro actitudes falsas», y podemos encontrar este mismo enfoque en su *Tesoro de la joya que concede deseos*[37]. En la tradición Kagyü, Gampopa (1079-1153), en *El ornamento de la joya de la liberación,* también presenta un enfoque gradual y sistemático del camino, en el que el entrenamiento de la mente se presenta en términos de los cuatro pensamientos que dirigen la mente hacia el dharma. También encontramos un enfoque parecido en la tradición Sakya en las enseñanzas sobre el camino y el fruto *(lamdré),* donde el énfasis está en superar las apariencias, y demás, de una forma sistemática y gradual. *Clarificando la intención del Sabio,* de Sakya Pandita (1182-1251), también contiene un enfoque sistemático similar. Finalmente, la escuela Gueluk —con sus enseñanzas sobre las etapas del camino a la iluminación *(lamrim)*— se adhiere explícitamente al enfoque de Atisha.

Por tanto, podemos ver que, en general, el enfoque sistemático del entrenamiento de la mente de reconocer primeramente al valor de la existencia humana, luego cultivar la renuncia y demás, que se presenta en las cuatro principales escuelas del budismo tibetano, se basa en la secuencia presentada en *La lámpara del camino hacia la liberación,* de Atisha.

Si observamos nuestra experiencia propia, también podemos apreciar el valor de aplicar un enfoque sistemático a la práctica. Por ejemplo, si reflexionamos cuidadosamente reconoceremos que para desarrollar la aspiración genuina a ser libres de la existencia cíclica, la aspiración genuina al nirvana, necesitamos encontrar una forma de superar el apego a las excelencias y a los placeres de esta existencia no iluminada. Mientras no tengamos la determinación de dejar de lado las cualidades y las riquezas de la existencia cíclica, el deseo de ser libre nunca será genuino. Esto nos sugiere que tenemos que encontrar una forma de alejar nuestra mente de la preocupación por nuestro estado futuro en el samsara. Para alejar nuestra mente de la preocupación por las cosas de una vida futura, primero necesitamos poder alejar nuestra mente de nuestra obsesión por los quehaceres de esta vida. Porque si empezamos ya estando completamente absortos en las preocupaciones de esta vida, el anhelo por un futuro mejor en una vida futura ni siquiera surgirá.

La forma de cortar con esa preocupación excesiva es reflexionando profundamente sobre la impermanencia y la naturaleza transitoria de la vida. Cuando reflexionamos sobre la naturaleza transitoria de la vida, lo que cobra importancia son los pensamientos sobre nuestro futuro. De forma parecida, la preocupación excesiva por las cosas de vidas futuras disminuye cuando reflexionamos sobre la ley kármica de causa y efecto, y especialmente cuando reflexionamos sobre los defectos de la existencia cíclica.

En cuanto a las fuentes textuales anteriores a este enfoque sistemático del entrenamiento de la mente, podemos citar *Cuatrocientos versículos del Camino Medio*, de Aryadeva. Él fue uno de los estudiantes principales de Nagarjuna, y su obra comienza con la promesa de componer para posteriormente profundizar en el corazón de su presentación. Es significativo apuntar que este trabajo no contiene el verso de salutación acostumbrado, porque su intención era servir de complemento a *Versos sobre los fundamentos del Camino Medio*, de Nagarjuna.

En *Cuatrocientos versículos del Camino Medio*, Ayardeva escribe lo siguiente:

Primero debemos cesar las acciones no meritorias;
en segundo lugar, debemos cesar [el aferramiento a] la
	identidad;
finalmente debemos cesar [el aferramiento a] todas las
	visiones.
El que conoce este camino es verdaderamente sabio [38].

Este versículo expone la secuencia sistemática en la práctica del entrenamiento de la mente.

Por lo general, se considera que Tsongkhapa escribió tres textos importantes sobre las etapas del camino a la iluminación *(lamrim):* el *Gran tratado de los estadios en el camino a la iluminación, Etapas del camino de extensión media* y *Oraciones de la experiencia,* la versión más breve [39]. Todos los textos sobre estas etapas del camino también presentan un orden sistemático del entrenamiento de la mente. Comienzan, por ejemplo, con la contemplación sobre el valor y el potencial de la existencia humana, la cual está dotada de oportunidades y libertades que no se pueden encontrar en los reinos inferiores de existencia. A esto le sigue la contemplación sobre la certeza e inminencia de la muerte —la naturaleza transitoria de la vida—, y a continuación la toma de refugio en las Tres Joyas, seguido de su precepto, que es vivir la vida de acuerdo con la ley kármica de causa y efecto. En su conjunto, estas contemplaciones y acciones forman una serie completa de prácticas para los practicantes del nivel de aspiración inicial.

En los textos del lamrim, las prácticas específicas que corresponden a cada tipo de persona —ya sea del nivel inicial, intermedio o superior— en cierta forma pueden considerarse completas en sí mismas. Por ejemplo, la sección sobre el nivel inicial presenta todos los elementos del camino necesarios para lograr la aspiración espiritual del nivel inicial: lograr un renacimiento favorable. También el nivel intermedio, el cual incluye el nivel inicial, contiene todas las prácticas necesarias para lograr su objetivo, que es la liberación de la existencia cíclica. Finalmente, las prácticas del nivel superior, en combinación con las prácticas de los dos niveles anteriores, son suficientes para llevar al practicante al objetivo de la iluminación completa.

El texto que estamos viendo aquí, *Los tres aspectos principales del camino*, aunque pertenece al género de textos sobre las etapas del camino, presenta algunos de los elementos de las prácticas en un orden ligeramente diferente. Por ejemplo, la meditación acerca del karma se presenta en el contexto de la superación de las preocupaciones por las vidas futuras.

LA RENUNCIA

El texto de Tsongkhapa comienza, de acuerdo con la tradición, con una salutación:

¡Homenaje a los más venerables maestros!

Esta salutación engloba la práctica de la confianza correcta en un maestro espiritual cualificado, lo cual es el cimiento de todas las cualidades superiores, no solo de esta vida, sino también de vidas futuras. Se hace esta salutación a los maestros para enfatizar este punto.

A continuación, en el primer versículo podemos leer:

1. Explicaré aquí, en la medida de mis capacidades,
   los puntos esenciales de todos los escritos del Conquistador,
   el camino alabado por todos los excelentes bodhisattvas,
   la puerta de entrada para los afortunados que aspiran a alcanzar la liberación.

En este versículo el autor toma el compromiso de la composición del texto. En el segundo versículo alienta a aquellos de karma afortunado a que escuchen lo que se está presentando:

2. Vosotros, que no estáis apegados a las alegrías de la existencia cíclica,
   que buscáis encontrarle sentido a esta vida de libertades y oportunidades
   y que confiáis en el camino que agrada a los conquistadores:
   oh, afortunados, escuchad con un corazón abierto.

Los siguientes tres versículos presentan el primer aspecto principal del camino: la verdadera renuncia. El tercero explica la importancia de cultivar la auténtica renuncia. El cuarto presenta el método en sí de cultivar dicha renuncia, y el quinto presenta el criterio para saber si has generado la verdadera renuncia. Estos tres aspectos de la práctica —su importancia, el método en sí y el criterio del logro— también deben aplicarse a la sección sobre la mente altruista del despertar *(bodhichitta)* en los versículos posteriores. En el tercer versículo podemos leer:

3. Mientras falte la renuncia pura, no habrá forma de pacificar
   el anhelo por las alegrías y los frutos del océano del samsara;
   dado que el deseo por la existencia nos encadena fuertemente,
   primero debes hallar la auténtica renuncia.

Esta expresión, «auténtica renuncia», enfatiza el tipo específico de renuncia que buscamos aquí. Los animales también se alejan de las experiencias obviamente dolorosas y sienten aversión por tal sufrimiento, pero esa no es la verdadera renuncia. También los meditadores que anhelan un nacimiento en los reinos con y sin forma pueden desdeñar el sentimiento de atracción por las sensaciones placenteras y gozosas —el segundo nivel de sufrimiento, el sufrimiento del cambio—, optando por un estado de total neutralidad. Pero tampoco eso es la verdadera renuncia. La renuncia de la que hablamos aquí es un pensamiento que se aleja incluso del tercer nivel de sufrimiento, el sufrimiento del condicionamiento que lo abarca todo. Aquí necesitas tener un reconocimiento profundamente enraizado de que nuestro condicionamiento, que lo impregna todo, es una forma de sufrimiento, y también necesitas reconocer que la raíz de este sufrimiento es la ignorancia fundamental. Así que la *verdadera renuncia* es un estado mental que aspira genuina y profundamente a liberarse de la esclavitud de la ignorancia. Este estado mental está fundado en una comprensión razonada y también está motivado por la sabiduría.

La gente a veces confunde la renuncia con hartarse de la vida. Cuando han luchado por el éxito y terminan fracasando, después de afrontar todo tipo de problemas, se desalientan y por frustración terminan diciendo que van a renunciar a todo. Aquí no estamos hablando de este tipo de renuncia. Eso se llama derrotismo. La verdadera renuncia se basa en una comprensión profunda de la naturaleza del sufrimiento y de la existencia cíclica. De hecho, el mantra del Buda Shakyamuni, *Om muni muni mahamuniye svaha,* invoca a «*el capaz, el gran capaz*». Un ser iluminado tiene una gran capacidad y un nivel muy elevado de confianza en su capacidad para lograr el objetivo. Este tipo de confianza no es ingenuo, y tampoco es una fe simple. Es una confianza basada en la comprensión y el conocimiento. Por tanto, la verdadera renuncia budista no es como la de una persona abatida que se siente impotente y que tristemente dice: «¡Estoy tan cansado! ¡Pobre de mí!»

En este versículo dice: «Dado que el deseo por la existencia nos encadena fuertemente...» Esto nos sugiere algo que mencionamos anteriormente: la forma en la que el deseo y el aferramiento reactiva nuestras tendencias kármicas y las vuelve fértiles, y esto a su vez da lugar a un nuevo renacimiento en la existencia cíclica. También mencionamos que si el potencial kármico no fuese reactivado e intensificado por el deseo y el aferramiento, el renacimiento no sería posible. Esto indica que el deseo y el aferramiento, al ser extensiones de la ignorancia, son lo que crea nuestro renacimiento. Por este motivo, cuando los textos enumeran los atributos de una verdadera persona espiritual, el primero que se menciona es estar libres del apego, porque el apego y el deseo son lo que nos ata a la existencia cíclica.

En cuanto al método en sí para cultivar la verdadera renuncia, dice:

4a-b. Cultivando la actitud de que esta vida humana es muy difícil de obtener

y de que no tenemos tiempo que perder, las preocupaciones de esta vida cesarán.

Esto señala, tal como se dijo en capítulos anteriores, que una aspiración genuina de lograr la iluminación solo puede surgir con una comprensión profunda de las cuatro nobles verdades, y esto a su vez surge de una contemplación y reflexión profundas sobre la dinámica causal que lleva al nacimiento dentro del samsara. Esto sugiere que para generar una verdadera renuncia, la aspiración de ser libres, hace falta mucha reflexión, mucho pensar y contemplar. Simplemente nacer como ser humano es obvio que no es suficiente; necesitas aplicar tu mente y aplicar tu inteligencia para profundizar ampliamente en estos procesos de pensamiento. Solo entonces surgirá en ti la verdadera renuncia.

Puede que sea difícil llegar a lograr la verdadera renuncia siendo un ser humano, pero para los otros tipos de seres solo cultivarla es prácticamente imposible. Visto así, podemos apreciar el gran valor que tiene nuestra existencia como seres humanos. Además, no solo tenemos esta existencia humana dotada de esta capacidad de reflexión; también tenemos la oportunidad de ir en pos de este logro, y esto es verdaderamente excepcional. De esta forma podemos ver la importancia de reflexionar sobre lo valioso y lo preciado de la existencia humana.

Cuando comprendamos el enfoque de este entrenamiento sistemático, apreciaremos, tal como dice Gampopa en *El ornamento de la joya de la liberación,* que la base de nuestra práctica es la naturaleza de buda *(tathagatagarbha),* la esencia o semilla de la budeidad que poseen todos los seres. La teoría de la naturaleza de buda afirma que todos poseemos el potencial de la budeidad; todos poseemos la posibilidad de eliminar los contaminantes de la mente y lograr la mente de sabiduría perfecta del buda. Así que esta naturaleza de buda, este potencial innato para la budeidad, es realmente la base, el fundamento.

Con esta base, y para tener éxito en nuestro camino, es necesario reunir ciertas condiciones. La condición interna que necesitamos es nacer como ser humano. La condición externa es la de conocer a un maestro espiritual cualificado. Cuando se da el encuentro entre estas dos condiciones, la interna y la externa, con la base de la naturaleza de buda, lo que surge es la oportunidad de superar y eliminar gradualmente los contaminantes de la mente, desde los más obvios hasta los más sutiles. Una vez más podemos ver lo crucial que es apreciar la oportunidad que nos brinda nuestra existencia humana y hacer de la contemplación sobre lo preciado de la existencia humana un elemento importante de nuestra práctica. Dado que la condición externa de encontrar a un maestro cualificado es vital, el buscar a un maestro cualificado y confiar en él se vuelve muy importante también.

Un maestro cualificado

Los requisitos para ser un maestro dependen del contexto. Por ejemplo, los textos sobre la disciplina monástica presentan una serie de cualidades de un maestro, y en cuanto a tomar los preceptos de la disciplina ética, lo que necesitas hacer es asegurarte de que la persona que buscas como tu maestro posea esas cualidades básicas que se encuentran en los textos del Vinaya. Del mismo modo, los textos sobre las enseñanzas Mahayana también enumeran las cualidades específicas de los maestros. Por ejemplo, el *Ornamento de Sutras Mahayana*, de Maitreya, enumera diez características de un maestro Mahayana[40]. Y en las enseñanzas Vajrayana, cada uno de los cuatro tipos de tantra presenta los atributos específicos indispensables de un maestro cualificado. Necesitas asegurarte de estar familiarizado con las cualidades cruciales de un maestro y que la persona que eliges como tu maestro posea estas cualidades. Por ejemplo, un maestro debe tener disciplina ética, una mente en paz y conocimiento de los textos. Idealmente, él o ella tendrá una comprensión profunda y genuina de lo que está enseñando y, como mínimo, será más experto que el estudiante en cuanto al tema que se está enseñando. Hasta que tengas la certeza de que la persona que deseas seguir como tu maestro posee estas cualidades, has de examinarlo y someterlo a escrutinio. Si mientras tanto necesitas seguir recibiendo enseñanzas, entonces considéralo más como un compañero con quien estás dialogando o debatiendo y no como un maestro en el sentido formal de la palabra. De lo contrario, pueden surgir problemas, como ha ocurrido en tiempos recientes. Debes tener cuidado.

Tsongkhapa ha afirmado enérgicamente en *El gran tratado* que si por parte del maestro hay falta de disciplina, entonces es simplemente imposible poder despertar la disciplina en las mentes de otros[41]. Si no has disciplinado tu propia mente, no puedes subyugar la mente de otros. Por tanto, aquellos que aspiran a enseñar y ayudar a otros, primero tienen que subyugar sus propias mentes. En especial, los miembros de la sangha que visten los hábitos monásticos y los que dirigen centros budistas necesitan asegurarse de que están a la altura de un practicante auténtico, un miembro de la orden de Buda.

A continuación, Tsongkhapa explica el proceso que nos permite disciplinar la mente. Tsongkhapa dice que es necesario que este proceso esté basado en el enfoque general de la estructura del camino de Buda. Tal como él explica, la «estructura general» incluye los tres entrenamientos elevados: los entrenamientos sobre la moralidad, la meditación y la sabiduría. Es en función de esto como debemos comenzar disciplinando nuestras propias mentes[42].

Digamos que uno establece un centro budista y el centro simplemente se vuelve una forma de procurarse un sueldo. Esto es realmente peligroso. Tampoco es bueno que un centro tenga como único objetivo generar fondos. Esto me recuerda la autobiografía de un lama Nyingma de Kongpo llamado Tselé Natsok Rangdröl. Era monje y fue un gran practicante. En su autobiografía menciona que la forma más común de llegar de un sitio a otro en el Tíbet era a caballo. Escribió que desde una edad muy temprana decidió dejar de montar a caballo por compasión hacia los animales. Siempre iba de un sitio a otro a pie. Más adelante también dejó de comer carne. Como era un lama de renombre, muchas personas devotas le hacían ofrendas dondequiera que iba. Él sentía que en cierta forma se estaba volviendo un comerciante de la enseñanza espiritual. Así que dejó claro que no aceptaría ninguna ofrenda por las enseñanzas que daba. Estaba dando un ejemplo verdaderamente extraordinario. Hace algunos años empecé a dejar de aceptar cualquier ofrenda por las enseñanzas que doy. En el pasado había sido una tradición que me hiciesen ofrendas al concluir una enseñanza, pero no necesito ningún dinero para mí —no tengo nada en qué gastarlo—. En el pasado distribuía el dinero entre numerosos y dignos proyectos y causas. Cuando lo hacía, a veces me olvidaba de proyectos importantes y las personas se sentían decepcionadas y olvidadas, y pensaban: «Oh, el Dalái Lama no nos dio nada a *nosotros*, se lo dio todo a *ellos*». El preocuparme de quién debía recibir el dinero se estaba volviendo una pesadez, una responsabilidad innecesaria y un dolor de cabeza. Por ello dejé claro que no quiero recibir ninguna ofrenda que me dé esta carga adicional. Por el contrario, los organizadores deben esforzarse por mantener los precios de las entradas lo más económicos posibles para que más personas puedan asistir y beneficiarse de estas enseñanzas. Si la gente quiere ofrecer donativos para cualquier causa, no necesitan hacerlo a través de mí.

EL BENEFICIO DESPUÉS DE ESTA VIDA

En el versículo anterior vimos que «esta vida humana es muy difícil de obtener». Esto hace referencia a lo valioso y lo excepcional de tener una existencia humana, tal como se mencionó previamente. Por lo general, a mayor calidad de algo, menos frecuentes son sus causas y condiciones. La existencia humana es muy poco frecuente; es extremadamente difícil reunir sus causas. No solo eso: nuestra vida también es transitoria, nuestra muerte es segura; y además, es imposible saber cuándo nos llegará. Esta es la forma de reflexionar sobre la certeza de la muerte y lo impredecible del momento en el que ocurrirá. También necesitamos darnos cuenta de que en el momento de la muerte, o después de la muerte, lo único que nos beneficiará es la práctica del dharma que hayamos hecho.

Tal como vimos en la sección sobre los doce vínculos de la originación interdependiente, la consciencia hace de almacén de los potenciales creados por nuestras acciones pasadas de cuerpo, habla y mente. Cuando se lleva a cabo la acción kármica, el evento cesa, pero lo que deja atrás es una huella en la consciencia. Estas huellas son las que se transmiten de una vida a la siguiente. Cuando se reúnen con las condiciones adecuadas, las huellas son activadas, intensificadas, y dan sus frutos.

Por tanto, cuando hacemos referencia al *dharma* y decimos que «después de la muerte lo único que nos beneficiará es el dharma», nos referimos a los potenciales kármicos positivos que hemos dejado impresos en nuestra consciencia.

Estos potenciales kármicos positivos solo pueden ser grabados y cultivados cuando se llevan a cabo las acciones motivadas por una intención espiritual, o ética, ya sea una intención altruista de ayudar a alguien o una intención caracterizada por otras cualidades positivas, como la renuncia o la fe. Las acciones motivadas por estas intenciones positivas se vuelven una actividad kármica positiva.

El dharma que nos puede beneficiar después de la muerte son estos potenciales kármicos positivos, que llevamos con nosotros a la siguiente vida. Cuando morimos, no importa la cantidad de riqueza que hayamos podido amasar, será imposible llevarnos lo más mínimo a nuestra siguiente vida. No importa lo famosos que seamos; esa fama no llegará a nuestra siguiente vida. Da igual cuántos buenos amigos o familiares cariñosos tengamos; no podremos llevar a ninguno de ellos a nuestra siguiente vida. Lo único que podemos llevarnos a la siguiente vida son los potenciales kármicos que hemos dejado impresos en nuestra consciencia, ya sean positivos o negativos.

Por lo general, llevamos a cabo acciones kármicas con nuestro cuerpo, habla y mente. Las acciones tales como hacer postraciones, circunvalar lugares sagrados y dar caridad a los necesitados son acciones corporales. Recitar mantras, orar y demás son actividades dhármicas del habla. Finalmente, la actividad dhármica de la mente incluye los pensamientos positivos, como la ecuanimidad, la compasión, la fe y los diferentes logros del camino. De las acciones de cuerpo, habla y mente, las primeras dos no son las más importantes. El motivo de esto es simple: una persona puede llevar a cabo, tanto físicamente como verbalmente, actividades que parecen espirituales —postraciones, recitación de mantras y demás— y simultáneamente puede estar albergando pensamientos negativos, avaricia o alguna otra aflicción; tales acciones de cuerpo y habla pueden coexistir con una actividad no virtuosa. Por tanto, las acciones de cuerpo y habla son secundarias; no son la verdadera práctica del dharma.

La verdadera práctica del dharma se lleva a cabo con la

mente. Las prácticas virtuosas de la mente, como cultivar la bondad amorosa y la compasión, reflexionar sobre la naturaleza transitoria de la vida o contemplar la ausencia de identidad, no pueden coexistir con estados no virtuosos de la mente. Durante el periodo en el que estén sucediendo las prácticas mentales virtuosas del dharma no puede tener lugar ninguna acción negativa. Por ello, la actividad dhármica de la mente es suprema; es la acción genuina del dharma. Cuando entendemos esto, se vuelve realmente importante asegurarnos de que nuestra motivación es pura. Con frecuencia la motivación que nos lleva a practicar el dharma está teñida por ciertas preocupaciones mundanas, como el deseo de longevidad, riqueza, buena salud o éxito material. Por supuesto, cuando tu aspiración de volverte rico o vivir una vida longeva está fundada en la bodhichitta, la aspiración de lograr la budeidad para el beneficio de todos los seres —si uno intenta procurarse longevidad o riqueza de forma que le ayude a alcanzar el objetivo último—, eso está bien. Por el contrario, si la aspiración de ser rico o gozar de buena salud se vuelve tu motivación principal, entonces, aunque recites mantras o practiques rituales tántricos, esto solo será otra variante de actividades mundanas.

De hecho, si una persona hace ofrendas a Jambala, la deidad de la riqueza, con el objetivo principal de volverse rico, es incierto que algún día Jambala le conceda su deseo. La deidad Jambala, con su barriga sobresaliente, puede parecer un millonario, ¡pero es dudoso que le conceda a esa persona un millón! Muchas veces le he comentado a grupos de tibetanos que si hacer ofrendas a Jambala verdaderamente hiciese a alguien millonario, ya habríamos visto a bastantes millonarios tibetanos, ¡lo cual no es el caso! Por el contrario, es posible ver en otras comunidades a bastantes millonarios que no han hecho ofrendas a Jambala, pero que han acumulado su riqueza a base de trabajar duro. Así que es muy importante que, en nuestra actividad espiritual, nuestra motivación, nuestra intención, no esté teñida por las preocupaciones mundanas.

EL SUFRIMIENTO DEL SAMSARA

A continuación, podemos leer:

4c-d. Al contemplar repetidamente la verdad del karma y del sufrimiento samsárico,
las preocupaciones acerca de la próxima vida cesarán.

Aquí «la verdad del karma» significa la naturaleza inevitable de la ley del karma. Por lo general, si has creado un karma específico, tendrás que cosechar el fruto de ese karma. Aquí contemplamos el sufrimiento samsárico, tal como se explicó anteriormente, principalmente para reconocer que mientras permanezcamos encadenados a la ignorancia fundamental, no habrá posibilidad alguna de una felicidad duradera y verdadera. Darnos cuenta de esto nos permite reconocer que la existencia cíclica es defectuosa por naturaleza propia.

Para saber cómo contemplar el sufrimiento de la existencia samsárica, podemos echarle un vistazo al séptimo versículo en el contexto del desarrollo de la verdadera renuncia:

[Los seres] se ven continuamente arrastrados por los cuatro ríos poderosos;

están encadenados fuertemente por los grilletes del karma, de los cuales es tan difícil deshacerse;

están atrapados dentro de la malla metálica del aferramiento a la identidad;

están envueltos en las densas neblinas de la ignorancia;

En el texto, estas contemplaciones se presentan en el contexto de la generación de la compasión. La compasión y la verdadera renuncia son muy parecidas; la diferencia yace en el objeto de la contemplación: la verdadera renuncia tiene que ver con uno mismo y nuestro propio sufrimiento, y la compasión está relacionada con los demás seres con mente oscurecida y su sufrimiento. Por eso, cuando cultivamos la verdadera renuncia, lo que nos ayuda es traer a la mente estas contemplaciones y aplicárnoslas a nosotros mismos. Hacemos esto tal como se va a explicar a continuación.

Empezamos reflexionando sobre el hecho de que estamos siendo arrastrados constantemente por los cuatro ríos. Aquí los «cuatro ríos» son el nacimiento, la enfermedad, el envejecimiento y la muerte. Nos vemos arrastrados inexorablemente por la corriente poderosa de estos cuatro ríos. Cuando esto ocurre, tal como dice en la siguiente línea, quedamos encadenados fuertemente por los grilletes del karma. Si fuésemos arrastrados sin estar encadenados, por lo menos tendríamos algo de esperanza de escapar. Pero cuando nuestros miembros están encadenados, esa esperanza de poder escapar es muy remota.

En la sección sobre los doce vínculos de la originación interdependiente vimos que el envejecimiento y la muerte surgen cuando hay nacimiento. El nacimiento, el undécimo vínculo, surge de la *existencia* o de la activación del potencial kármico, el décimo vínculo. Esta activación del potencial kármico surge debido al deseo y al aferramiento. A su vez, estos son únicamente posibles cuando está presente el segundo vínculo, la acción de volición —cuando se da la acción kármica—. Esto, a su vez, está motivado por la ignorancia fundamental, el primer vínculo. Sin la ignorancia fundamental la acción de volición no surgirá, y sin la acción de volición todos los vínculos posteriores cesan. Necesitamos reflexionar sobre cómo, encadenados por estos vínculos de la cadena kármica, nos vemos arrastrados continuamente en esta corriente de nacimiento, enfermedad, envejecimiento y muerte.

Además, estamos atrapados dentro de la jaula metálica de aferramiento a la identidad. *El aferramiento a la identidad* es el aferramiento a la existencia de la identidad de la persona, el aferramiento a nuestra existencia personal como algo inherentemente real. A esto también se le conoce como *aferramiento egoísta*. Y mientras estamos atrapados en esta jaula permanecemos completamente envueltos en una densa neblina de ignorancia, que aquí significa el aferramiento a la existencia inherente de los fenómenos.

Todo esto es indicativo de la siguiente situación: a partir del aferramiento a los fenómenos como inherentemente reales, surge el aferramiento a la identidad: «yo soy». Desde este aferramiento egoísta creamos el karma. El karma trae consigo toda una cadena de eventos, como el nacimiento, la enfermedad, el envejecimiento y la muerte. Si reflexionas de esta manera, llegarás a darte cuenta de que la existencia cíclica, el samsara, es prácticamente ilimitado; parece no tener fin. En esta trampa de la existencia cíclica permanecemos atormentados interminablemente por los tres tipos de sufrimiento. Por tanto, podemos ver que, aunque Tsongkhapa expresa estas reflexiones en el contexto de la generación de la compasión por el sufrimiento de los demás, el mismo verso puede ser usado y aplicado a nuestro propio sufrimiento como una forma de cultivar la verdadera renuncia.

LA MARCA DE LA VERDADERA RENUNCIA

El siguiente verso presenta la forma de saber si uno ha generado la verdadera renuncia:

5. Habiendo acostumbrado tu mente de esta forma, cuando deje de surgir
la más mínima admiración por las riquezas de la existencia cíclica,
y el pensamiento de aspirar a la liberación surja día y noche,
este será el momento en el que habrá surgido la verdadera renuncia.

Esto significa que cuando te das cuenta, en lo más profundo de tu corazón, de que erradicar la ignorancia sí es posible, desarrollar la aspiración a la liberación se vuelve algo mucho más realista.

Este enfoque refleja el enfoque general budista del que hablamos antes. Podemos hablar de dos enfoques del camino budista. Un enfoque es muy general y refleja la estructura fundamental del camino budista. El otro sería un enfoque adaptado a un individuo en particular o a un contexto específico. Esta presentación pertenece al enfoque que se encuentra en *Versos sobre los fundamentos del Camino Medio*, de Nagarjuna, cuyo lector o practicante potencial es alguien con una capacidad mental elevada. Esta presentación refleja el enfoque general del camino Mahayana, en el que el practicante cultiva una comprensión profunda de la naturaleza de la liberación, y por tanto de la vacuidad, *antes de* desarrollar una renuncia genuina. A partir de su comprensión de la vacuidad, el practicante reconoce que la liberación es posible, y ese reconocimiento da lugar a una aspiración genuina a esta liberación.

De forma parecida, un practicante bodhisattva, antes de desarrollar la bodhichitta genuina, primero requiere de cierta comprensión de la naturaleza de la iluminación que está buscando, y para ello es crucial una comprensión de la vacuidad. Es posible que este enfoque, orientado hacia los practicantes inteligentes, no sea adecuado para ciertos individuos, pero la verdadera renuncia —la aspiración de lograr la liberación— lograda por tales practicantes no conlleva una noción definida de aquello en lo que consiste esa liberación. Su noción es imprecisa, pero aun así es lo suficientemente poderosa para desarrollar ellos la aspiración genuina a la liberación o budeidad.

BODHICHITTA, LA MENTE DEL DESPERTAR

La primera parte del sexto versículo presenta el segundo aspecto principal del camino, la bodhichitta. Primero se explica por qué es importante desarrollar la bodhichitta, o la mente del despertar:

6. Esta renuncia, si no es sostenida
por la mente pura del despertar, no se volverá la causa
de la dicha perfecta de la iluminación insuperable;
por ello, oh, seres inteligentes, generad la excelente mente del despertar.

Tal como se declara aquí, si nuestra verdadera renuncia no está acompañada de bodhichitta, no nos será posible alcanzar la completa iluminación.

A continuación, el séptimo versículo, junto con las dos primeras líneas del octavo, presentan el método en sí para cultivar la mente del despertar. Como vimos anteriormente, la verdadera renuncia tiene lugar cuando relacionamos estas líneas con nuestra propia situación. Cuando se leen en el contexto del sufrimiento de los demás seres, esto despierta en nosotros la gran compasión.

7. [Los seres] se ven continuamente arrastrados por los cuatro ríos poderosos:
están encadenados fuertemente por los grilletes del karma, de los cuales es tan difícil deshacerse;
están atrapados dentro de la malla metálica del aferramiento a la identidad;
están envueltos en las densas neblinas de la ignorancia.

8a-b. Renacen en la existencia cíclica que no tiene fin,
en la cual son atormentados interminablemente por los tres sufrimientos.

Y después, en las últimas dos líneas del octavo versículo, podemos leer:

8c-d. Cuando reflexionas acerca de todas tus madres, que sufren estas condiciones,
por favor, genera la mente suprema del despertar.

El método para generar la compasión consiste en reconocer primero la naturaleza del sufrimiento. Hablamos de ello previamente, en el contexto de nuestro propio sufrimiento, y ahora aplicamos este mismo análisis al sufrimiento de los demás con el objetivo de entender la naturaleza de su dolor y desarrollar el deseo compasivo de liberarlos de ello. Aquí Tsongkhapa usa la palabra *madre*, «todas tus madres», refiriéndose a los otros seres con mente oscurecida. Las llamas «tus madres» para evocar en ti un sentido de profunda cercanía con ellos y una preocupación sincera por su bienestar.

Estos dos factores —entender la naturaleza del sufrimiento y sentir la cercanía con los demás seres— se vuelven la base para desarrollar el deseo genuino de procurar el bienestar de los demás. Cuando este deseo compasivo de aliviar el sufrimiento de los demás lo extiendas incondicionalmente a todos los seres, entonces habrás logrado lo que se llama la *gran compasión*, que da lugar al compromiso de conseguir tú mismo el bien de los demás, y habrá surgido en ti la *extraordinaria determinación altruista*. Además, cuando hayas desarrollado la aspiración genuina y espontánea a la budeidad, la iluminación completa, con el fin de lograr este objetivo altruista, entonces habrás generado la bodhichitta, la mente del despertar. Tal como se explicó antes, la bodhichitta, la mente altruista del despertar, está dotada de estas dos aspiraciones: la aspiración de lograr el beneficio de los demás y, con ese fin, la aspiración de lograr la iluminación.

Es posible deducir el alcance de la generación de la bodhichitta por el nivel de la renuncia generada, de la cual hablamos anteriormente. En resumen, habrás logrado la bodhichitta cuando el deseo altruista de alcanzar la iluminación se haya vuelto la fuerza motivadora detrás de todas tus acciones de cuerpo, habla y mente.

LA MEDITACIÓN SOBRE LA VACUIDAD

A continuación, en el noveno versículo, se explica la importancia de meditar sobre la vacuidad:

9. Sin la sabiduría que conoce la naturaleza absoluta,
aunque te familiarices con la renuncia y la mente del despertar,
no podrás cortar la raíz de la existencia samsárica;
por tanto, esfuérzate en los métodos para conocer la originación
interdependiente.

Anteriormente, en los capítulos de los *Versos sobre los fundamentos del Camino Medio,* de Nagarjuna, ya examinamos extensamente la vacuidad, así que no es necesario que lo volvamos a explorar aquí de forma detallada.

En el siguiente versículo podemos encontrar la verdadera comprensión de lo que significa la vacuidad:

10. Cuando puedas ver, en relación con todos los fenómenos del sam-
     sara y del nirvana,
     que las causas y los efectos nunca pueden burlar sus leyes,
     y cuando disuelvas el foco de la objetificación,
     entrarás en el camino que agrada a los budas.

Cuando disuelvas todas las apariencias de la existencia
verdadera sin violar las leyes de causa y efecto y del mundo
de la realidad convencional, habrás encontrado el verdadero significado de la vacuidad y entrado en «el camino que
agrada a los budas».
A continuación, podemos leer:

11. Mientras permanezcan separadas las dos comprensiones
     —la de la apariencia, la cual es la originación interdependiente
     que es infalible,
     y la de la vacuidad, que es libre de toda premisa—
     no habrás conocido la intención del Sabio.

Mientras tu comprensión del mundo de las apariencias,
o la realidad convencional, y tu comprensión del mundo de
la vacuidad, la naturaleza absoluta, permanezcan disociadas
—mientras permanezcan separadas y se socaven mutuamente—, no habrás entendido la intención del Buda.
Tsongkhapa continúa:

12. Pero en el instante en el que, no de forma intermitente, sino simul-
     táneamente,
     ves la infalibilidad de la originación interdependiente,
     todo el objeto de aferrarse a la certeza es desmantelado;

es entonces cuando tu análisis de la visión habrá madurado plenamente.

Esto indica el criterio para saber si se ha comprendido la vacuidad de forma plena. Cuando has comprendido la vacuidad en términos de originación interdependiente y entendido la originación interdependiente en términos de vacuidad, como si fuesen las dos caras de una misma moneda; cuando has negado completamente la existencia inherente sin dejar rastro alguno, tu conocimiento es pleno. Normalmente, cuando percibimos cosas en nuestra experiencia cotidiana, creemos que poseen algún tipo de realidad intrínseca, y lo que hacemos es ir en pos de esas apariencias. Pero una vez que verdaderamente comprendes la vacuidad, en el momento en el que percibes algo, esa misma apariencia es lo que instantáneamente activa tu comprensión de la vacuidad. En vez de aferrarte de inmediato a la realidad intrínseca de esa cosa, en ese instante te percatas de que «Sí, parece que este objeto es intrínsecamente real, pero no es así». La apariencia en sí despierta automáticamente tu comprensión de la vacuidad. Cuando eso ocurra habrás completado tu proceso de análisis.

En el siguiente verso podemos leer:

13. Además, cuando la apariencia disipa el extremo de la existencia
y la vacuidad disipa el extremo de la no existencia,
y entiendes que la vacuidad surge como causa y efecto,
dejas de ser prisionero de las visiones que se aferran a los extremos.

Este versículo recuerda lo escrito por Chandrakirti en su *Entrada al Camino Medio [Madhyamakavatara]*, donde dice que, al igual que los reflejos, los ecos y demás carecen de cualquier realidad sustancial y aun así aparecen al reunirse con ciertas condiciones, los fenómenos —la forma, la sensación y demás—, aunque carentes de existencia intrínseca, surgen desde la vacuidad con sus propias características e identidades[43]. Eso indica que la vacuidad misma actúa como una causa para el florecimiento del mundo de la multiplicidad; todos los fenómenos son, en cierto modo, manifestaciones de la vacuidad, como un despliegue que surge desde la esfera de la vacuidad. Este versículo tiene resonancia con las líneas del texto de Chadrakirti.

El verso final es una conclusión que anima al practicante a poner estas enseñanzas en práctica. Tsongkhapa escribe lo siguiente:

14. Una vez que hayas comprendido, tal como son,
    los puntos esenciales de los tres aspectos principales del camino,
    oh, hijo, busca la soledad, y aumentando la fuerza de tu perseverancia,
    alcanza rápidamente tu propósito último.

Esto ha sido una explicación muy breve, basada en *Los tres aspectos principales del camino*, de cómo hacer uso de los puntos expuestos en el capítulo anterior dentro de la práctica misma.

CULTIVAR LA COMPRENSIÓN

Si eres una persona que se toma la práctica del dharma en serio, es importante que cultives una buena comprensión de las enseñanzas. Primeramente, es importante leer los textos. Cuantos más textos leas —más extiendas el alcance de tus conocimientos y lectura—, más numerosos serán los recursos que tendrás para tu propia comprensión y práctica. Cuando, como fruto de la contemplación y el estudio profundo de lo que has aprendido en cada tema, y habiéndolo relacionado con tu experiencia personal, llegues a un punto en el que has desarrollado una convicción profunda de que «así es», esto es un indicio de que has logrado lo que se llama la comprensión derivada de la contemplación y la reflexión. Previamente, toda tu comprensión habrá sido intelectual, pero llegados a este punto surge un cambio. A partir de aquí tienes que familiarizarte con ello, hacer de ello parte de tu hábito diario. Cuanto más cultives la familiaridad, más se volverá parte de tu experiencia.

Naturalmente, existen dos aspectos relacionados con el camino: el método y la sabiduría. Por lo general, es más fácil entender el aspecto del método del camino, y también es más fácil desarrollar una convicción profunda sobre ello. Es algo que evoca emociones fuertes y poderosas. Pero también, con el aspecto de sabiduría en el camino, aunque las etapas iniciales en el desarrollo de la comprensión y la convicción profunda sean más difíciles, una vez que hayas cultivado una convicción profunda, podrás experimentar emociones y sentimientos poderosos.

Pero no debes tener expectativas a corto plazo de que vas a lograr algo así en unos pocos años. En cuanto al tiempo de práctica, es importante inspirarse con las declaraciones en los textos donde se explica que se tardan tres eones innumerables en lograr la iluminación completa. También Shantideva en *La práctica del bodhisattva [Bodhicharyavatara]* dice que debemos rezar para que mientras permanezca el espacio y perduren los seres con mente oscurecida, yo también permanezca para disipar los sufrimientos de estos seres [44]. Reflexionar sobre este tipo de aspiraciones te dará fuerza e inspiración. Si entrenas tu mente así, aunque tu cuerpo pueda seguir siendo igual que antes, tu mente cambiará y se transformará. El resultado será la felicidad. Que el fruto de esto sea de beneficio para los demás depende de muchos factores y condiciones externas, pero en lo que concierne a nuestra propia experiencia, el beneficio es evidente.

PRACTICA LO PROFUNDO

Cada mañana, al levantarte, y antes de comenzar el día, intenta darle forma positiva y beneficiosa a tu pensamiento. Puedes pensar, por ejemplo: «Que use mi cuerpo, mi habla y mi mente de una manera más compasiva, para que sean de beneficio para los demás». Esto es algo que suelo hacer yo. Hace que la vida tenga más sentido. De forma similar, examina tu mente por la noche antes de acostarte. Repasa lo que has hecho a lo largo del día y comprueba si valió la pena. Creo que incluso para las personas que no son religiosas, este método puede ayudar a que su vida tenga más sentido, para que uno no sienta remordimientos ni arrepentimientos cuando llegue el final de su vida. Puede que te sientas triste por dejar atrás este mundo, pero al mismo tiempo tienes la satisfacción de que tu vida ha tenido sentido.

Un hábito especialmente útil para desarrollar es el de observar tus propios procesos de pensamiento: ver lo que está sucediendo en tu mente y de esta forma evitar estar completamente inmerso en ello. Generalmente, cuando surge el enfado, por ejemplo, toda nuestra mente o nuestro «yo» parece convertirse en enfado, pero eso es simplemente una apariencia. A medida que acumules experiencia aprenderás a dar un paso atrás cuando surja el enfado. Es increíblemente útil poder reconocer lo destructivo de una emoción negativa en el mismo momento en el que surge. Claro que esto es muy difícil, pero a través del entrenamiento lo puedes conseguir. Después, cuando tienes algo de perspectiva en cuanto a tu propio enfado, observarás tu enfado e inmediatamente su intensidad disminuirá. Lo mismo sucederá con el apego, la tristeza, el orgullo y demás. A través del entrenamiento y la familiarización, es posible cultivar un hábito diario.

Esto también es una forma de propagar los valores humanos al exterior, empezando por una persona y extendiéndolos a miembros de la familia, y desde cada miembro de la familia a sus amistades. Esta es la forma de transformar la familia, la comunidad y finalmente la nación y la humanidad. Si cada persona cultiva su mente, los efectos de esto se expandirán y darán lugar a un mundo mejor. Después de que yo muera, después de cuarenta o cincuenta años, es posible que haya un mundo mejor, pero si eso es lo que uno quiere, hay que empezar a trabajar por ello desde hoy mismo, desde este mismo momento.

Esto es lo que quiero compartir con vosotros.

Apéndices

LOS TRES ASPECTOS PRINCIPALES DEL CAMINO

Jé Tsongkhapa

(Título tibetano: *Lam gyi gtso bo rnam pa gsum*)

¡Homenaje a los más venerables maestros!

1. Explicaré aquí, en la medida de mis capacidades,
   los puntos esenciales de todos los escritos del Conquistador,
   el camino alabado por todos los excelentes bodhisattvas,
   la puerta de entrada para los afortunados que aspiran a alcanzar la liberación.

2. Vosotros, que no estáis apegados a las alegrías de la existencia cíclica,
   que buscáis encontrarle sentido a esta vida de placeres y oportunidades
   y que confiáis en el camino que agrada a los conquistadores:
   oh, afortunados, escuchad con un corazón abierto.

3. Mientras falte la renuncia pura, no habrá forma de pacificar
   el anhelo por las alegrías y los frutos del océano del samsara;

dado que el anhelo por la existencia nos encadena fuertemente,

primero debes hallar la auténtica renuncia.

4. Cultivando la actitud de que esta vida humana es muy difícil de obtener

y de que no tenemos tiempo que perder, las preocupaciones de esta vida cesarán.

Al contemplar repetidamente la verdad del karma y del sufrimiento samsárico,

las preocupaciones acerca de la próxima vida cesarán.

5. Habiendo acostumbrado tu mente de esta forma, cuando deje de surgir

la más mínima admiración por las riquezas de la existencia cíclica,

y el pensamiento de aspirar a la liberación surja día y noche,

este será el momento en el que habrá surgido la verdadera renuncia.

6. Esta renuncia, si no es sostenida

por la mente pura del despertar, no se volverá la causa

de la dicha perfecta de la iluminación insuperable;

por ello, oh, seres inteligentes, generad la excelente mente del despertar.

7. [Los seres] se ven continuamente arrastrados por los cuatro ríos poderosos:

están encadenados fuertemente por los grilletes del karma, de los cuales es tan difícil deshacerse;

están atrapados dentro de la malla metálica del aferramiento al «yo»;
están envueltos en las densas neblinas de la ignorancia.

8. Renacen en la existencia cíclica que no tiene fin,
en la cual son atormentados interminablemente por los tres sufrimientos.
Cuando reflexionas acerca de todas tus madres, que sufren estas condiciones,
por favor, genera la mente suprema del despertar.

9. Sin la sabiduría que realiza la naturaleza absoluta,
aunque te familiarices con la renuncia y la mente del despertar,
no podrás cortar la raíz de la existencia samsárica;
por tanto, esfuérzate en los métodos para realizar la originación interdependiente.

10. Cuando puedas ver, en relación con todos los fenómenos del samsara y del nirvana,
que las causas y los efectos nunca pueden burlar sus leyes,
y cuando disuelvas el foco de la concreción,
entrarás en el camino que agrada a los budas.

11. Mientras permanezcan separadas las dos comprensiones
—la de la apariencia, la cual es la originación interdependiente que es infalible,
y la de la vacuidad, que es libre de toda premisa—
no habrás realizado la intención del Sabio.

12. Pero en el instante en el que, no de forma intermitente, sino simultáneamente,

ves la infalibilidad de la originación interdependiente,

todo el objeto de aferrarse a la certeza es desmantelado;

es entonces cuando tu análisis de la visión habrá madurado plenamente.

13. Además, cuando la apariencia disipa el extremo de la existencia

y la vacuidad disipa el extremo de la no existencia,

y entiendes que la vacuidad surge como causa y efecto,

dejas de ser prisionero de las visiones que se aferran a los extremos.

14. Una vez que hayas comprendido, tal como son,

los puntos esenciales de los tres aspectos principales del camino,

oh, hijo, busca la soledad, y aumentando la fuerza de tu perseverancia,

alcanza rápidamente tu propósito último.

Este consejo fue transmitido por el monje Lobsang Drakpai Pal a Ngawang Drakpa, una persona eminente de la región de Tsakho.

ALABANZA A LOS DIECISIETE MAESTROS DE NALANDA[45]

Su Santidad el Dalái Lama

Contenida aquí está una alabanza a los diecisiete maestros de Nalanda titulada «El sol que ilumina la fe triple».

1. Nacido de la gran compasión que aspira a ayudar a todos los seres,
   dios de dioses, has logrado el estado del salvador del abandono y del logro,
   y guías a los seres en la disertación de la originación interdependiente.
   Oh, tú que eres capaz, sol del habla, ante ti me inclino.

2. Me inclino a tus pies, oh, Nagarjuna, el más hábil en esclarecer la talidad libre de elaboraciones
   —la esencia de los sutras *Madre de los conquistadores*—,
   con el razonamiento de la originación interdependiente.
   De acuerdo con la profecía del conquistador, iniciaste el Camino Medio.

3. Me inclino ante tu hijo principal, el bodhisattva Aryadeva,
   tan erudito y con los mayores logros,
   que ha cruzado el océano de las filosofías budistas y no budistas,
   y es la joya de la corona entre los que sostienen los tratados
   de Nagarjuna.

4. Me inclino ante ti, oh, Buddhapalita, que has alcanzado
   el estado supremo del maestro que ha esclarecido claramente
   la intención del Noble [Nagarjuna], el significado final de
   la originación interdependiente,
   el punto profundo de la existencia como mera designación
   y meros nombres.

5. Me inclino ante ti, oh, maestro Bhavaviveka, el pandita de logro supremo,
   tú, que iniciaste la tradición filosófica en la que,
   negando tales extremos como el surgimiento de las cosas
   como verdaderamente existentes,
   se sostiene el conocimiento verificado comúnmente y también la realidad externa.

6. Me inclino ante ti, oh, Chandrakirti, que difundiste todos
   los caminos del sutra y del tantra.
   El más hábil enseñando los aspectos profundos y vastos del
   Camino Medio
   —la unión de las apariencias y la vacuidad que disipa los dos
   extremos—
   por medio de la originación interdependiente que es la mera
   condicionalidad.

7. Me inclino ante ti, oh, bodhisattva Shantideva, el más hábil
en revelar a la asamblea de los más afortunados practicantes espirituales
el camino excelente de la compasión, la cual es tan maravillosa,
a través de las más profundas y vastas lógicas de razonamiento.

8. Me inclino ante ti, oh, abad maestro Shantarakshita, que iniciaste
la tradición no dual del Camino Medio de acuerdo con la dis-
posición mental de los estudiantes.
Eres versado en los modos de razonamiento tanto del Camino Medio como de la cognición válida,
y difundiste la enseñanza del Conquistador en la Tierra de
las Nieves.

9. Me inclino a tus pies, oh, Kamalashila, tú, que habiendo explicado excelentemente
las etapas de la meditación de la visión del Camino Medio,
libre de todas las elaboraciones,
y la unión de la tranquilidad y la comprensión profunda de
acuerdo con el sutra y el tantra,
esclareciste sin error la enseñanza del Conquistador en la
Tierra de las Nieves.

10. Me inclino a tus pies, oh, Asanga, tú, que gracias a Maitreya
fuiste instruido en diseminar excelentemente todas las escrituras del Mahayana,

enseñaste el camino vasto y, de acuerdo con la profecía del Conquistador,

iniciaste la tradición Solo Mente.

11. Me inclino a tus pies, oh, maestro Vasubandhu, que sosteniendo

los sistemas de los siete tratados del Abhidharma y también de la no dualidad,

clarificaste las doctrinas de Vaibhashika, Sautrantika y Solo Mente.

Destacado entre los eruditos, eres conocido como el segundo omnisciente.

12. Me inclino a tus pies, oh, Dignaga, el lógico,

tú, que, con el fin de presentar el camino de Buda a través del razonamiento basado en evidencia,

abriste cientos de puertas de cognición válida

y ofreciste los ojos de la inteligencia crítica como regalo al mundo.

13. Me inclino a tus pies, oh, Dharmakirti, tú, que entendiendo todos los puntos esenciales de la epistemología budista y no budista,

hiciste surgir la convicción en todos los caminos vastos y profundos del Sautrantika y Solo Mente por medio del razonamiento;

fuiste el más versado en la enseñanza del excelente dharma.

14. Me inclino a tus pies, oh, Vimuktisena, tú, que encendiste la lámpara que ilumina

el significado del tratado del *Ornamento,* en el que se exponen los temas de *La perfección de la sabiduría* provenientes de Asanga y su hermano, de acuerdo con la visión del Camino Medio, libre de existencia y no existencia.

15. Me inclino ante ti, oh, maestro Haribhadra, profetizado por el Conquistador
    como el que expondría el significado de la Madre, la perfección de la sabiduría.
    Esclareciste el tratado excelente sobre la perfección de la sabiduría, las tres madres,
    perfectamente de acuerdo con la instrucción del salvador Maitreya.

16. Me inclino ante tus pies, oh, Gunaprabha, el más excelente en cuanto a integridad y erudición, que habiendo destilado excelentemente la intención
    de cien mil enseñanzas sobre la disciplina,
    expusiste los votos de la liberación individual
    sin error alguno, de acuerdo con la tradición de la escuela Sarvastivada.

17. Me inclino a tus pies, oh, Shakyaprabha, el sostenedor supremo de la disciplina,
    que reinaste sobre el tesoro de joyas de los tres entrenamientos.
    Con el propósito de difundir las enseñanzas sobre la disciplina inmaculada durante largo tiempo,

expusiste de forma excelente el significado de los tratados vastos [sobre la disciplina].

18. Me inclino ante ti, oh, maestro Atisha, tú, que habiendo enseñado
    todas las tradiciones profundas y vastas de las palabras del Buda
    dentro del marco del camino de las personas de las tres capacidades,
    fuiste el más bondadoso maestro difundiendo la enseñanza
    de Buda en la Tierra de las Nieves.

19. Habiendo, pues, alabado a los más eruditos ornamentos del mundo,
    las fuentes excelentes de enseñanzas maravillosas y profundas,
    que yo, con una mente inmutable y pura,
    sea bendecido para que mi mente madure y se libere.

20. Mediante la comprensión de las dos verdades, la forma de existir de las cosas,
    estableceré cómo, a través de las cuatro verdades, entramos y salimos del samsara;
    asentaré firmemente la fe en las Tres Joyas, la cual surge del conocimiento.
    Que yo sea bendecido para que la raíz del camino que libera se establezca firmemente dentro de mí.

21. Que yo sea bendecido para poder perfeccionar el entrenamiento en la renuncia

—una aspiración a la liberación, la pacificación total del sufrimiento y su origen—
y también en la mente del despertar inmutable, fundada en una compasión infinita que desea proteger a todos los seres.

22. Que yo sea bendecido para que pueda desarrollar fácilmente la convicción en todos los caminos
conectados con los puntos profundos de los vehículos de la Perfección y del Vajra,
estudiando, reflexionando y meditando sobre el significado de los tratados de los grandes pioneros[46].

23. Que yo, vida tras vida, obtenga encarnaciones excelentes que propicien los tres entrenamientos,
y contribuya a la enseñanza de forma que iguale a los grandes pioneros
en sostener y difundir la enseñanza de las escrituras y los logros
por medio de comprometerme en la exposición y la práctica meditativa.

24. Que los miembros de todas las comunidades espirituales dediquen su tiempo
al aprendizaje, la reflexión y la meditación.
Por medio de la proliferación de los maestros sublimes que rechazan formas de vida negativas,
que el gran rostro del mundo sea embellecido a lo largo de todos los tiempos.

25. Por medio de su poder, que yo pueda recorrer todos los caminos del sutra y el tantra
y lograr la omnisciencia de los conquistadores,
caracterizada por el logro espontáneo de los dos propósitos.
Mientras exista el espacio, que yo trabaje por el bien de los seres.

COLOFÓN

Estos grandes maestros de la India, la tierra de los nobles, a
los que se hace referencia en las líneas anteriores, compusieron
tratados excepcionales sobre los aspectos profundos y vastos
del dharma excelente enseñado por el bienaventurado Buda,
que abrieron los ojos de la sabiduría a numerosos individuos con
discernimiento. Estos textos, que han sobrevivido hasta el día
de hoy sin degeneración alguna —ahora que nos acercamos a
los 2.550 años [desde que falleció el Buda]—, siguen siendo
usados como tratados de estudio, reflexión crítica y meditación.
Por ello, recordando la bondad de estos maestros eruditos, as-
piro a seguir sus pasos con una devoción inamovible.

Actualmente, en esta época en la que la ciencia y la tecnología han alcanzado un nivel tan avanzado, estamos in-
cesantemente preocupados por las cosas mundanas. En una
época como esta es crucial que aquellos que seguimos los
pasos de Buda logremos una fe en su enseñanza basándonos en una comprensión auténtica. Es únicamente con una
mente objetiva dotada de un cuestionamiento investigador
como debemos analizar cuidadosamente y buscar los razonamientos [que yacen tras nuestras creencias].

Así, basándonos en la comprensión de los razonamientos, surgirá en nosotros una fe acompañada de sabiduría. Es por esto por lo que los excelentes tratados sobre los aspectos profundos y vastos [del camino] escritos por los grandes maestros, como los célebres seis ornamentos o los maestros supremos [47], al igual que Buddhapalita, Vimuktisena y demás, continúan siendo indispensables. En el pasado existía la tradición de encargar cuadros de los seis ornamentos y los dos maestros supremos, hechos sobre lienzo de thangka. A estos maestros les he añadido nueve maestros del linaje de los aspectos profundos y vastos del camino, comisionando un thangka de los diecisiete grandes panditas del Monasterio de Nalanda.

Junto con esto, quise componer una oración que expresara mi veneración de corazón a estos excelentes seres eruditos, y además, algunas personas con intereses afines y compañeros espirituales también me animaron a escribir esta oración. Por tanto, esta súplica a los diecisiete maestros del glorioso Nalanda titulado «El sol que ilumina la fe triple» fue escrita por el monje budista Tenzin Gyatso, quien ha encontrado una fe natural en las obras excelentes de estos grandes maestros y se sienta en las últimas filas de los individuos que estudian estas excelentes obras.

Este texto fue compuesto y terminado en Thekcken Choeling, Dharmasala, en el distrito de Kangara, Himachal Pradesh, India, en el año 2548 después del paranirvana de Buda (de acuerdo con el sistema Theravada), en el primer día del undécimo mes del año de la serpiente de hierro, en el decimoséptimo ciclo Rabjung del calendario tibetano; el 15 de diciembre de 2001 de la Era Común.

¡Que el bien prevalezca!

NOTAS

1 «Reconociendo a mi madre» [«Recognizing my mother», en *Songs of spiritual experience* (Shambhala Publications, Boston, 2000), p. 112.]

2 Para una explicación más detallada por el Dalái Lama sobre las cuatro nobles verdades, véase su libro *Las cuatro nobles verdades* (Debolsillo, Barcelona, 2003).

3 Hasta donde yo sé, no se ha encontrado en el canon tibetano el sutra que es la fuente de este versículo; sin embargo, se dice que el texto existe en el canon pali.

4 *Mulamadhyamakakarika*, 24:8ab.

5 *Abhisamayalamkara*, 1:21ab.

6 Para una enseñanza completa sobre los doce vínculos de la originación interdependiente del Dalái Lama, ver *El sentido de la vida: perspectivas budistas sobre causa y efecto* [*Meaning of Life: Buddhist Perspectives on Cause and Effect* (Wisdom Publications, Boston, 1993)].

7 *Pratityasamutpadahridayakarika*, 2.ª versículo.

8 El texto original en inglés es la traducción de Jay Garfield con algunas modificaciones. Estos cambios fueron introducidos por el traductor del Dalái Lama, Thupten Jinpa, reflejando su propia lectura del texto, y también para coincidir con los comentarios de Su Santidad sobre este versículo del texto raíz de Nagarjuna.

9 Aquí Su Santidad se está refiriendo a la clasificación común de los objetos de conocimiento en tres categorías: hechos evidentes, hechos ocultos (que pueden ser deducidos en base a hechos observados) y hechos extremadamente ocultos. Esta última categoría inclu-

ye, entre otros, los hechos sobre los detalles del funcionamiento del karma.

[10] Gungthang Jampaiyang, también conocido como Könchok Tenpai Drönmé (1762-1823), fue un autor prolífico y respetado maestro. En 1972, Gungthang Rimpoché se convirtió en el abad del monasterio Tashikhyil, una destacada institución Gueluk en el noreste del Tíbet, fundado en 1709 por Jamyang Shepa. Tashikhyil también es conocido como Labrang.

[11] *Mahayanasutralamkara*, 21:8.

[12] Esto hace referencia al sutra titulado *Pratityasamutpadadivibhanganirdeshasutra* (Canon Tohoku 211, sutras, vol. *tsa*, p. 223, línea 6).

[13] *Chatuhshatakashastrakarika*, 14:25.

[14] *Los tres aspectos principales del camino*, v. 7c-d. Véase el comentario de Su Santidad en el capítulo 5 de este libro.

[15] *Mulamadhyamakakarika*, 24:18ab.

[16] *Chatuhshatakashastrakarika*, 8:5cd.

[17] *El gran tratado sobre los estadios en el camino*, vol. 1, traducido por Lamrin Chenmo Translation Committee (Snow Lion, Ithaca, NY, 2000), p. 306. El «poder del objeto» hace referencia a los objetos sagrados como los seres iluminados y sus reliquias, que tienen tal poder liberador que las acciones de fe llevadas a cabo en relación a ellos, incluso si estas acciones no se hacen con la visión de la vacuidad, plantan la semilla de la liberación en la mente.

[18] Este tipo de karma difiere mucho del tipo de karma que constituye el segundo de los doce vínculos, debido a que este karma nunca impulsa un renacimiento.

[19] *Ratnavali*, 1:35.

[20] Con frecuencia se hace referencia a estos con los términos *ausencia de identidad de las personas* y *ausencia de identidad de los fenómenos*.

[21] *Ratnavali*, 1:80-81b.

[22] *Palabras claras [Prasannapada]*, 22.

[23] *Chatuhshatakashastrakarika*, 14:25. Este versículo fue citado en la pág. 88.

[24] *Pramanavarttika*, 2:193.

[25] Dentro de las dos categorías de los objetos de negación —el objeto

de negación del camino y el objeto de negación del razonamiento—, la elaboración que se manifiesta como *aferramiento a la existencia verdadera* es principalmente el objeto de negación del camino. Esta elaboración es un estado mental. Por este motivo se dice aquí que es el *conocimiento* de la vacuidad, y no la vacuidad en sí, la que lleva a la cesación.

26 Los seis trabajos analíticos de Nagarjuna son: *Versos sobre los fundamentos del Camino Medio, Los sesenta razonamientos, Setenta versos sobre la vacuidad, El hilo finamente bordado, La refutación de las objeciones* y *La guirnalda preciosa.* El último de estos textos se corresponde con la transmisión que Su Santidad no recibió de Khunu Rimpoché.

27 *Madhyamakavatara*, 6:121. «Tirthikas» aquí hace referencia a los defensores de las escueles filosóficas indias clásicas no budistas.

28 *Mulamadhyamakakarika*, 13:7. «Si incluso una nimiedad no estuviese vacía, / la vacuidad, por tanto, poseería una nimiedad de existencia. / Dado que no existe siquiera una nimiedad que no sea vacía, / ¿cómo puede existir la vacuidad?»

29 *Mulamadhyamakakarika*, 13:8: «Los conquistadores han dicho / que la vacuidad libera de todas las perspectivas. / Así que aquellos que consideran la vacuidad [algo real]; / no son posibles de corregir; así han enseñado».

30 *Yuktishashtika*, 51. Existe una traducción completa al inglés de esta obra en la siguiente página web: http://www.tibetanclassics.org/Jinpa_Translation.html.

31 *Mulamadhyamakakarika*, 1:1.

32 *Versos raíz sobre las filosofías indias,* capítulo 13:1. «A través del sutra y del tantra, los obscurecimientos afligidos pueden cesar. / Aunque [en los sutras] se presenta el objeto más elevado, el sujeto más elevado permanece oculto; / aunque se presenta el contaminante principal, el antídoto principal permanece oculto; / el obscurecimiento más sutil del conocimiento es purificado a través del tantra, no del sutra». La traducción al inglés del texto completo de los versos de Jamyang Shepa se puede encontrar en http://www.tibetanclassics.org/Jinpa_Translation.html.)

³³ Los «ocho tipos de persona» hace referencia al versículo anterior: los cuatro que recogen los frutos y los cuatro que entran en el camino. Los cuatro frutos son los frutos de los «entrados en la corriente», los que «solo vuelven una vez», los «sin retorno» y los arhats. Los cuatro que entran en el camino son aquellos en los caminos que llevan a recoger uno de los frutos.

³⁴ «Prasangika» hace referencia a un subgrupo de los que se adhieren a la filosofía de Nagarjuna sobre la vacuidad, que incluye principalmente a los maestros indios Buddhapalita (*ca.* siglo V), Chandrakirti (siglo VII) y Shantideva (siglo VIII). Este último es el autor del célebre *La práctica del bodhisattva [Bodhicharyavatara]*. Para una exposición detallada por el Dalái Lama del crucial capítulo noveno de *La práctica del bodhisattva*, de Shantideva, la cual presenta la enseñanza sobre la vacuidad, ver *El arte de la sabiduría* (Debolsillo, Barcelona, 2011.)

³⁵ Canon Tohoku 156, sutras, vol. *pha*, p. 230b.

³⁶ *Alabanza a la originación interdependiente*, 19. La traducción al inglés del texto completo de esta oración se puede encontrar en http://www.tibetanclassics.org/Jinpa_Translation.html.

³⁷ Puedes encontrar el comentario de Su Santidad a *La mente en paz*, de Longchenpa en el libro *La mente en serenidad* (Kairós, Barcelona, 2008).

³⁸ *Chatuhshatakashastrakarika*, 8:15.

³⁹ La traducción al español de *Lamrim Chenmo* fue publicada con el título *Gran tratado de los estadios en el camino a la iluminación* (Ediciones Dharma, Barcelona, 2000). Una traducción al inglés de su obra mediana se publicará pronto en Wisdom Publications. Se puede encontrar una traducción al inglés de la obra breve sobre el lamrim en http://www.tibetanclassics.org/Jinpa_Translation.html. Para el comentario de Su Santidad sobre el lamrim breve basado en la obra *La esencia del oro refinado*, del Tercer Dalái Lama, ver *El camino de la iluminación* (Atria Español, Nueva York, 2010) de S. S. el Dalái Lama.

⁴⁰ *Mahayanasutralamkara*, 17:10. Las diez cualidades que enumera Maitreya son: (1) disciplina, (2) serenidad, (3) pacificación total, (4) más cualidades que sus estudiantes, (5) energía, (6) una riqueza de conocimiento de las escrituras, (7) ser atento y amoroso, (8) un cono-

cimiento riguroso de la realidad, (9) habilidad al instruir a discípulos y (10) no desalentarse. Para una explicación detallada de cada una de estas diez características, ver *El gran tratado sobre los estadios del camino a la iluminación*, vol. 1, pp. 70-75 de Tsongkhapa.

41 *El gran tratado*, vol. 1, p. 71.

42 Ibíd.

43 *Madhyamakavatara*, 6:37.

44 *Bodhicharyavatara*, 10:55.

45 La traducción al inglés de esta oración se hizo especialmente para este libro. Anteriormente se publicó una traducción de Geshe Lhakdor Lobsang Jordan de esta oración, editada por Jeremy Russel bajo el título *Iluminando la fe triple: Una invocación a los diecisiete adeptos eruditos del glorioso Nalanda* [Ver *Illuminating the Threefold Faith: An Invocation of the Seventeen Scholarly Adepts of Glorious Nalanda* del Central Institute of Higher Tibetan Studies, Sarnath, en el 2006. Esta edición de la oración contiene la traducción en varios idiomas y también incluye el original en tibetano y la traducción inglesa, sánscrita e hindi del texto].

46 El término original en tibetano es *shing rta chen po,* que significa «los grandes aurigas». Esto hace referencia a Nagarjuna, el fundador de la escuela del Camino Medio, y Asanga, el fundador de la escuela Solo Mente.

47 Los seis ornamentos son Aryadeva, Vasubandhu, Nagarjuna, Asanga, Dignaga y Dharmakirti. Los dos maestros supremos son Gunaprabha y Shakyaprabha.

BIBLIOGRAFÍA

Para beneficio de aquellos que deseen consultar los textos originales, hemos incluido los títulos sánscritos y tibetanos de los textos clásicos budistas. «Toh» es la abreviación de Tohoku, y los números representan las entradas en el catálogo de la edición Dergé del *Kangyur* (las escrituras canónicas) y del Tengyur (tratados-comentarios) en *Un catálogo completo de los cánones budistas tibetanos*, editado por el profesor Hekuji Ui, Japón: Sendai, 1934.

Aryadeva. *Four hundred Stanzas on the Middle Way [Chatuhshatakashastrakarika]*. (Tib. *dbu ma bzhi brgya pa;* Toh 3846, Tengyur, *dbu ma,* vol. *tsha.*) La traducción al inglés de este texto, junto con el comentario de Gyaltsap Jé, se pueden encontrar bajo el título *Yogic Deeds of the Bodhisattvas* (Snow Lion, Ithaca, 1994).

Chandrakirti. *Entering the Middle Way [Madhyamakavatara]*. (Tib. *dbu ma la 'jug pa;* Toh 3861, Tengyur, *dbu ma,* vol. *ha.*) Se pueden encontrar traducciones al inglés de este texto en *The Emptiness of Emptyness* (Honolulu: University of Hawaii, 1989), de C. W. Hungtington, Jr., y en *Introducing the Middle Way* (Shambhala, Boston, 2005), de Chandrakirti y Mipham.

——, *Clear Words [Prasannapada]*. (Tib. *dbu ma rtsa ba'i 'grel pa tshig gsal ba*; Toh 3860, Tengyur, *dbu ma*, vol. *dza*).

Chankya Rolpai Dorje (1717-1786). «Recognizing My Mother», en *Songs of Spiritual Experience*, de Thupten Jinpa y Jas Elsner (eds.). Shambhala Publications, Boston, 2000.

Dharmakirti, *Commentary on «Valid Cognition» [Pramanavarttika]*. (Tib. *tshad ma rnam 'grel*; Toh 4210, Tengyur, *tshad ma*, vol. *ce*.)

Jamyang Shepa. *Root Verses on Indian Philosophies (grub mtha' rtsa ba)*. La traducción al inglés de este texto se puede encontrar en http://www.tibetanclassics.org/Jinpa_Translation.html.

Maitreya. *Ornament of Clear Realization [Abhisamayalamkara]*. (Tib. *mngon rtogs rgyan*; Toh 3786, Tengyur, *shes phyin*, vol. *ka*.)

——, Ornament of Mahayana Sutras *[Mahayanasutralamkara]*. (Tib. *theg pa chen po mdo sde'i rgyan*; Toh 4020, Tengyur, *sems tsam*, vol. *phi*.) La traducción al inglés de este texto, junto con el comentario escrito por Vasubhandu, se pueden encontrar bajo el título *The Universal Vehicle Discourse Literature* (American Institute of Buddhist Studies, Nueva York, 2004).

Nagarjuna. *Fundamental Wisdom of the Middle Way [Mulamadhyamakakarika]*. Se puede encontrar una traducción brillante de este texto en *Fundamental Wisdom of the Middle Way*, de Jay Garfield (Nueva York: Oxford University Press, 1995). [Hay traducción al español: *Versos sobre los fundamentos del Camino Medio*, Kairós, Barcelona, 2003]

——, *Sixty Stanzas of Reasoning [Yuktishashtika]*. La traducción al inglés de este texto se puede encontrar en http://www.tibetanclassics.org/Jinpa_Translation.html.

——, *The Precious Garland [Ratnavali]*. La traducción al inglés de este texto, de John Dunne y Sara McClintock, se puede encontrar en *The Precious Garland* (Wisdom Publications, Boston, 1997).

——, *Exposition of the Essence of Dependent Origination [Pratityasa-mutpadahridayakarika]*. (Tib. *rten cing 'brel bar 'byung ba'i snying po'i rnam par bshad pa*; Toh 3837, Tengyur, *dbu ma*, vol. *tsa*.)

——, *Presentations of the First and [the Other] Divisions of Dependent Origination Sutra [Pratityasamutpadadivibhanganirdeshasutra]*. (Tib. *rten cing 'brel bar byung ba dang po dang rnam par dbye ba btsan pa*; Toh 211, Kangyur, *mdo sde*, vol. *tsa*.)

——, *Questions of the Naga King Anavatapta [Anavatapatanagaraja-pariprccha]*. (Tib. *klu'i rgyal po ma dros pas zhus pa'i mdo*; Toh 156, Kangyur, *mdo sde*, vol. *pha*.)

Shantideva. *Guide to the Bodhisattva's Way of Life (Bodhicharyavata-ra)*. Toh 3871, *dbu ma*, vol. *la*. Existen muchas traducciones al inglés de este texto, incluidas el *Guide to the Bodhisattva's Way of Life*, de Stephen Batchelor (Library of Tibetan Works and Archives, Dharmasala, 1979); *The Way of the Bodhisattva* (Shambhala Publications, Boston, 1997), del Padmakara Translation Group; *A Guide to the Bodhisattva's Way of life* (Snow Lion Publications, Ithaca NY, 1997), de Alan y Vesna Wallace, y *The Bodhicaryavatara* (Oxford University Press, New York, 1995), de Kate Crosby y Andrew Skilton. [Hay traducción al español: *La práctica del bodhisattva*, Ediciones Dharma, 2008.]

Su Santidad el Dalái Lama. *Four Noble Truths*. Traducido por Thupten Jinpa. Londres: Thorsons, 1997. [Hay traducción al español: *Las cuatro nobles verdades*, Debolsillo, Barcelona, 2011]

——, *Meaning of Life: Buddhist Perspectives on Cause and Effect*. Traducido y editado por Jeffrey Hopkins. Wisdom Publications, Boston, 1993.

——, *Mind in Comfort and Ease: The Vision of Enlightenment in the Great Perfection*. Wisdom Publications, Boston, 2007. [Hay traducción al español: *La mente en serenidad*, Debolsillo, Barcelona, 2008]

———, *Practicing Wisdom*. Traducido y editado por Geshe Thupten Jinpa. Wisdom Publications, Boston, 2005. [Hay traducción al español: *El arte de la sabiduría*, Debolsillo, Barcelona, 2012]

———, *The Path to Enlightenment*. Traducido por Glenn Mullin. Snow Lion Publications, Ithaca, NY, 1995. [Hay traducción al español: *El camino a la iluminación*, Atria Español, Barcelona, 2010]

Tsongkhapa. *The Great Treatise on the Stages on the Path to Enlightenment* (Snow Lion, Ithaca, NY, 2000-2004). [Hay traducción al español: *El gran tratado sobre los estadios en el camino a la iluminación*, Ediciones Dharma, Barcelona, 2000]

———, *Praise to Dependent Origination [rten 'brel bstod pa]*. La traducción al inglés de este texto se puede encontrar en http:// www.tibetanclassics.org/Jinpa_Translation.html.

———, *Songs of Spiritual Experience [lam rim nyams mgyur]*. La traducción al inglés de este texto se puede encontrar en http:// www.tibetanclassics.org/Jinpa_Translation.html.

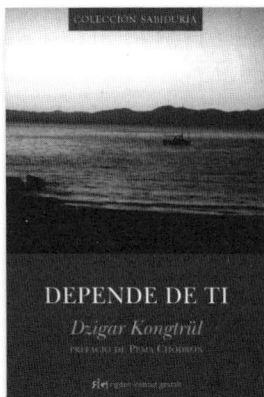

~ Colección Sabiduría ~

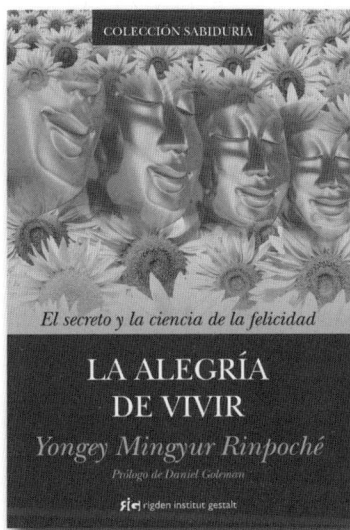

La alegría de vivir

El secreto y la ciencia de la felicidad

YONGEY MINGYUR RINPOCHÉ

La luz que nos alcanza

Guía de cuidados psicológicos y espirituales para la enfermedad, el duelo y la muerte

DZIGAR KONGTRUL

Solicítelos en su librería habitual o en la página web:
www.alfaomega.es

institut gestalt

institut gestalt
Verdi 94
08012 Barcelona
Telf. 34 93 2372815
Fax. 34 93 2178780
ig@institutgestalt.com
www.institutgestalt.com

ÁREA DE FORMACIÓN Y RECICLAJE PROFESIONAL

> Formación en Terapia Gestalt.
> Formación en PNL e Hipnosis Ericksoniana.
> Formación en Constelaciones Familiares, en Pedagogía sistémica
  y en Constelaciones organizacionales.
> Formación en Terapia Corporal.
> Formación en Coaching: Transformacional, Wingwave
  y Coaching con PNL.
> Talleres monográficos.
> Supervisión individual y en grupo.
> Desarrollo organizacional.

ÁREA TERAPÉUTICA Y DE CRECIMIENTO PERSONAL

> Terapias individuales, grupales, de pareja y de familia.
> Procesos de Coaching para personas y/o equipos.
> Tratamiento de trastornos del miedo, pánico, fobias, ansiedad,
  adicciones y obsesiones.
> Grupos de Crecimiento Personal y Trabajo Corporal.
> Constelaciones familiares, organizacionales y pedagógicas.
> Área de Terapias Creativas y Expresivas.
> Conferencias, coloquios, presentaciones de libros, etc.

PSICOTERAPIA, COMUNICACIÓN Y RELACIONES HUMANAS

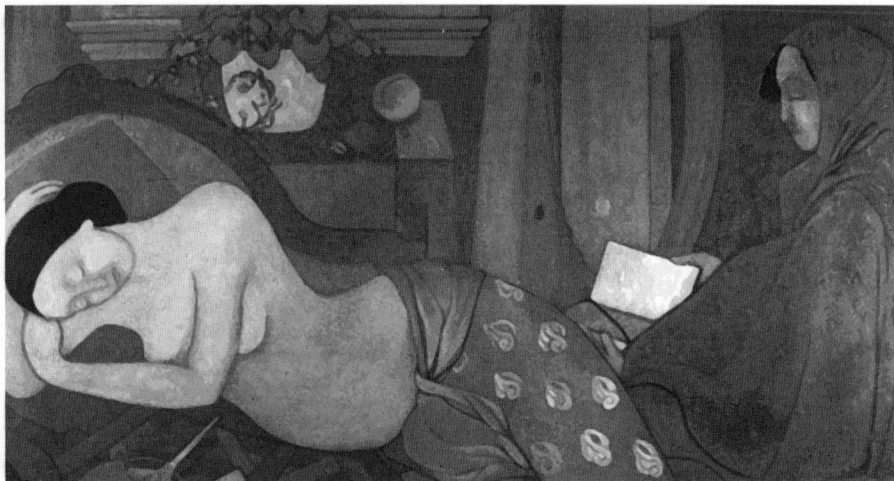